Ein Kochbuch

k

Kontakt zum Autor
Sascha Wahlbrink
post@saschawahlbrink.de
www.saschawahlbrink.de

Verlag
Verlag Kettler, Bönen
www.verlag-kettler.de

Gesamtherstellung:
DruckVerlag Kettler GmbH, Bönen

ISBN 978-3-86206-158-7

Vorwort

Kochbücher gibt es für jede nur denkbare kulinarische Richtung. Star- und Fernsehköche bringen stetig ihre besten Rezeptkompositionen auf den Markt. Doch trotz dieser Vielfalt ist die Darstellungsform der Rezepte immer identisch. Ein Titel, ein Bild, eine Zutatenliste und ein Anweisungstext. Doch warum ist das so?

Für meine Bachelorarbeit im Studienfach Kommunikationsdesign habe ich Kochbücher analysiert, Hobbyköche befragt, ausprobiert und Ideen gesammelt. Am Schluss lag der Fokus auf der Zutat. Durch Verarbeitung und Kombination wird aus verschiedenen Zutaten ein Gericht. Mit dieser Idee als Grundlage entwickelte sich eine grafische Darstellung, welche die Abläufe eines Rezepts klar strukturiert. Zum Kochen muss das Diagramm von oben nach unten abgearbeitet werden. Aus dem Konzept entstand ›Ein Kochbuch‹ mit 37 Rezepten. Die Zutaten sind jeweils für vier Personen kalkuliert.

Ein Dank geht hiermit an alle, die immer wieder als Testpersonen für die Rezepte herhalten mussten: meine Freunde, Familie und meine ehemaligen Mitbewohner Ole und Philipp, die wirklich alles essen mussten, was auf den Tisch kam. Danke auch an Frau Prof. Helmig und die FH Aachen Fachbereich Gestaltung.

Viel Spaß beim Kochen.
Sascha Wahlbrink

PS: Für alle, die Zusatzfunktionen zu ›Ein Kochbuch‹ nutzen möchten, gibt es auf der letzten Seite des Buchs einen Code mit kostenlosem Zugang zur iPad-App.

Mythos

Zusatzinformationen

Chili-Tomaten-Hühner-Suppe

Arbeitsaufwand

Vorbereitung	20 Min.
Zubereitung	25 Min.

Zutaten

400g	Tomaten
400g	Hähnchenbrustfilet
1,5l	Hühnerbrühe
2	Limetten (Saft)
2	Mais-Tortillas
1	Avocado
4	Knoblauchzehen
1	rote Zwiebel
1	Zwiebel
1	rote Chili
1Tl	Kreuzkümmel
	Olivenöl
	Salz
	Pfeffer

Utensilien

1	Pfanne
1	Topf
1	Schneidebrett
1	Messer
1	Backofen
1	Backblech
1	Kochlöffel
1	Pürierstab

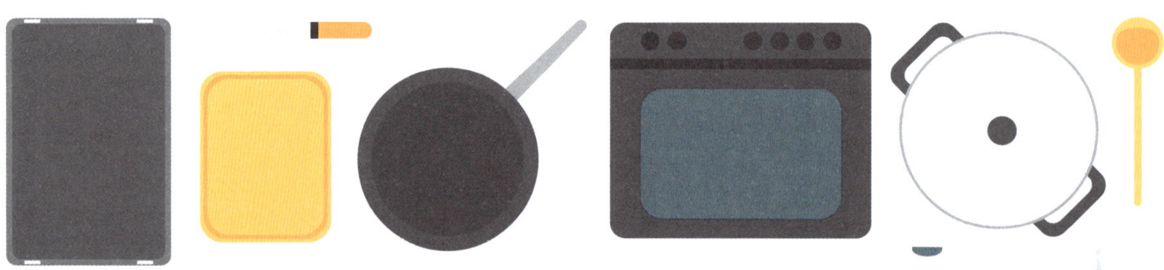

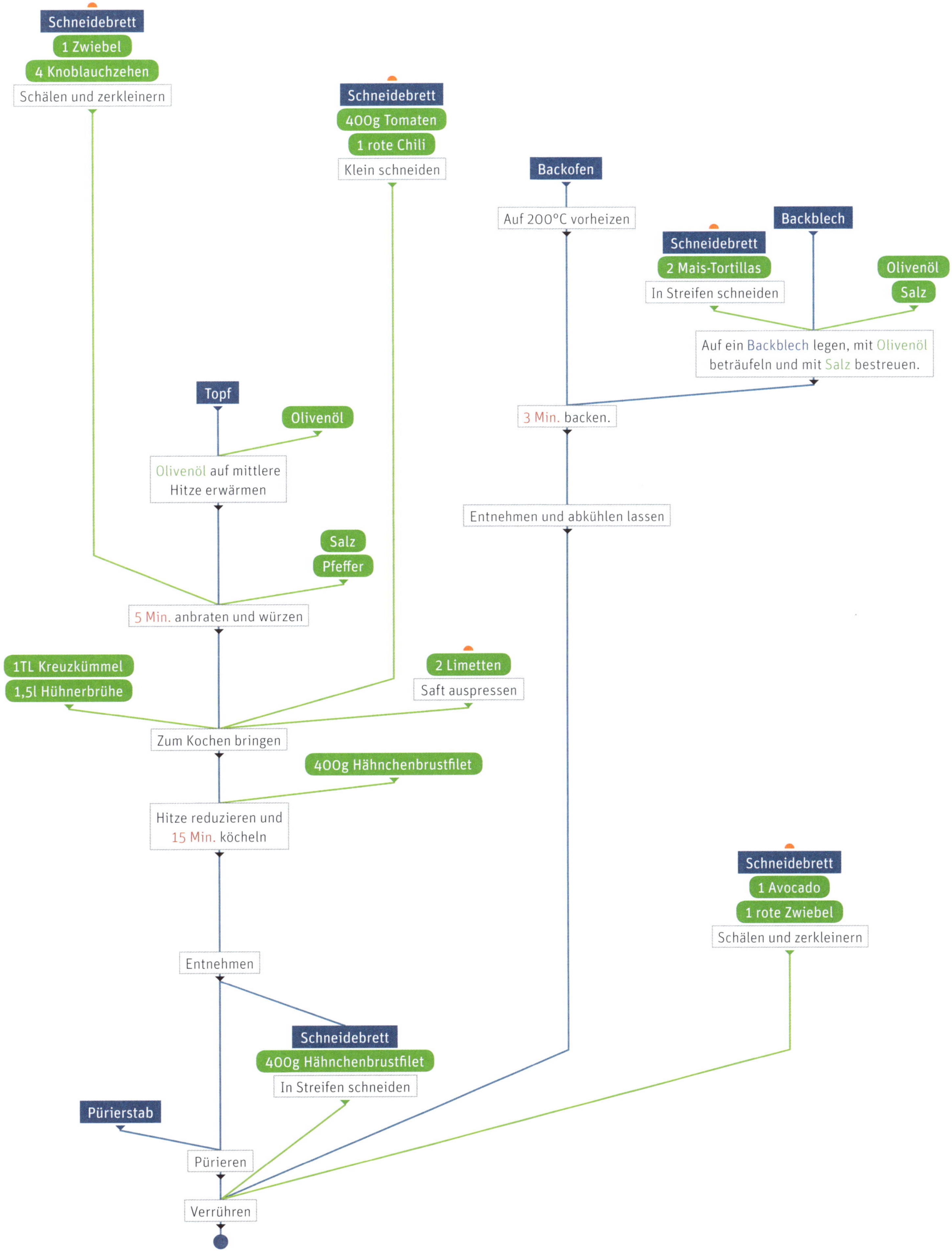

Schneidebrett
1 Zwiebel
4 Knoblauchzehen
Schälen und zerkleinern
Schneidebrett
400g Tomaten
1 rote Chili
Klein schneiden
Backofen
Auf 200°C vorheizen
Backblech
Schneidebrett
2 Mais-Tortillas
In Streifen schneiden
Olivenöl
Salz
Auf ein Backblech legen, mit Olivenöl beträufeln und mit Salz bestreuen.
Topf
Olivenöl
Olivenöl auf mittlere Hitze erwärmen
3 Min. backen.
Entnehmen und abkühlen lassen
Salz
Pfeffer
5 Min. anbraten und würzen
1TL Kreuzkümmel
1,5l Hühnerbrühe
2 Limetten
Saft auspressen
Zum Kochen bringen
400g Hähnchenbrustfilet
Hitze reduzieren und 15 Min. köcheln
Schneidebrett
1 Avocado
1 rote Zwiebel
Schälen und zerkleinern
Entnehmen
Schneidebrett
400g Hähnchenbrustfilet
In Streifen schneiden
Pürierstab
Pürieren
Verrühren

»Erbsen und Linsen dürfen nicht in Salzwasser gekocht werden«

Vor der Einführung von Schnellkochtöpfen war es sinnvoll, die Hülsenfrüchte über Nacht einzuweichen, um die Garzeit zu verringern. Dass Hülsenfrüchte erst nach dem Kochen gesalzen werden sollen, stimmt heute nicht mehr. Durch die Weiterentwicklung der Pflanzensorten sind die Zellwände der Hülsenfrüchte heute dünner. Salzt man das Wasser nicht, entsteht ein osmotisches Gefälle. Um es auszugleichen, verlieren Erbsen und Linsen einen Teil ihrer fruchteigenen Mineralstoffe. Im Gegenzug nimmt die Hülsenfrucht Wasser auf, was dazu führen kann, dass die Frucht aufplatzt.

Erbseneintopf

Arbeitsaufwand

Vorbereitung	10 Min.
Einweichen	12 Std.
Zubereitung	2 Std. 20 Min.

Zutaten

250g	getrocknete Erbsen
2	Zwiebeln
150g	Knollensellerie
150g	Möhren
200g	Schinkenwürfel
4El	Sonnenblumenöl
2	Lorbeerblätter
4	Wiener Würstchen

Utensilien

1	Topf
1	Sieb
1	Schüssel
1	Schneidebrett
1	Messer
1	Kochlöffel

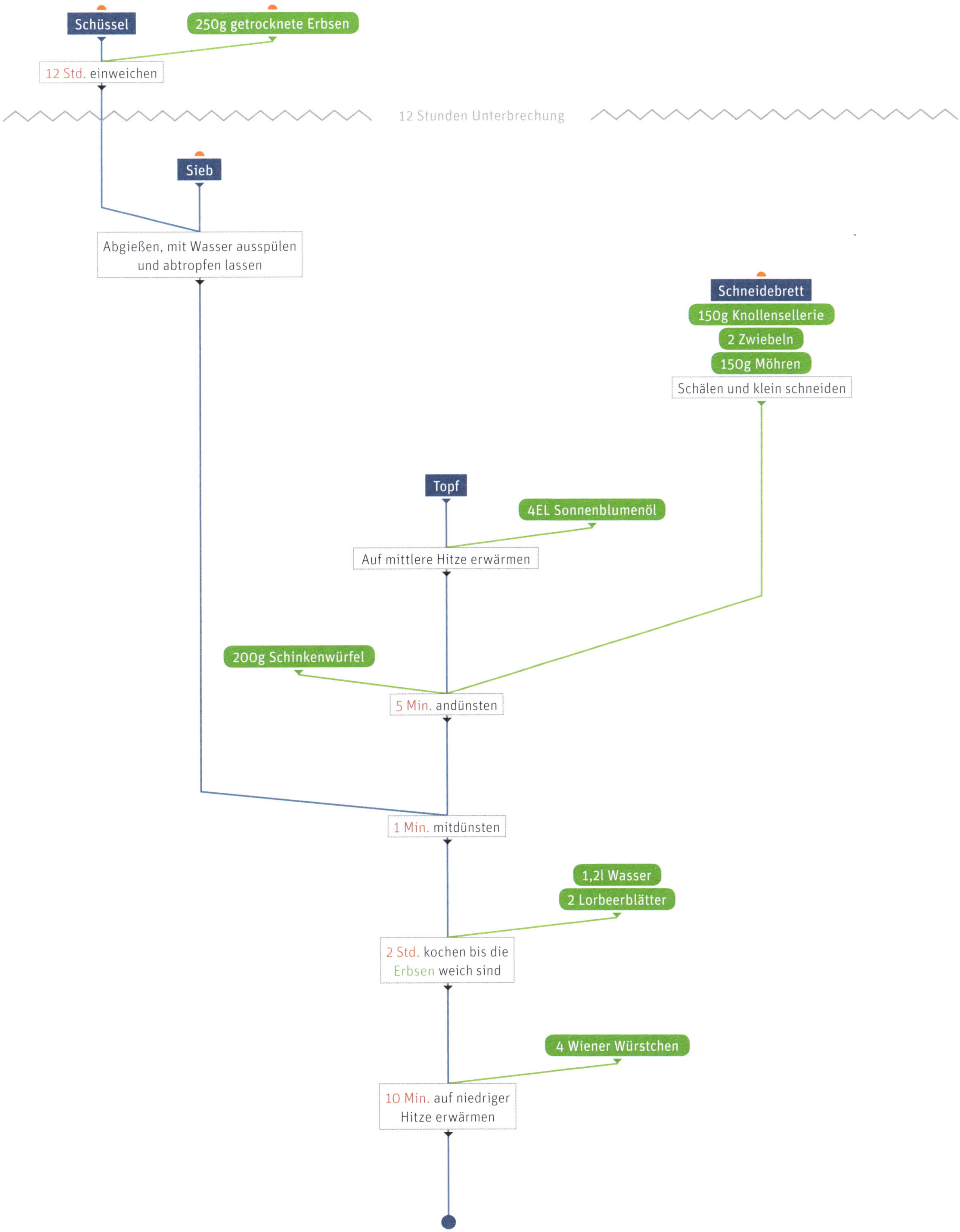
Schüssel
250g getrocknete Erbsen
12 Std. einweichen
12 Stunden Unterbrechung
Sieb
Abgießen, mit Wasser ausspülen und abtropfen lassen
Schneidebrett
150g Knollensellerie
2 Zwiebeln
150g Möhren
Schälen und klein schneiden
Topf
4EL Sonnenblumenöl
Auf mittlere Hitze erwärmen
200g Schinkenwürfel
5 Min. andünsten
1 Min. mitdünsten
1,2l Wasser
2 Lorbeerblätter
2 Std. kochen bis die Erbsen weich sind
4 Wiener Würstchen
10 Min. auf niedriger Hitze erwärmen

Cabanossi-Bockwurst-Eintopf

Arbeitsaufwand

Vorbereitung	10 Min.
Zubereitung	20 Min.

Zutaten

1	Zwiebel
250g	geräuchertes Bauchfleisch
2	Cabanossi-Würste
2	Bockwürste
850ml	Dose Tomaten in Stücken
850ml	Dose weiße Bohnen
850ml	Dose rote Bohnen
1 Bund	Schnittlauch
1El	Sonnenblumenöl
	Salz
	Pfeffer
	Paprika Edelsüß

Utensilien

1	Topf
1	Schneidebrett
1	Messer
1	Kochlöffel

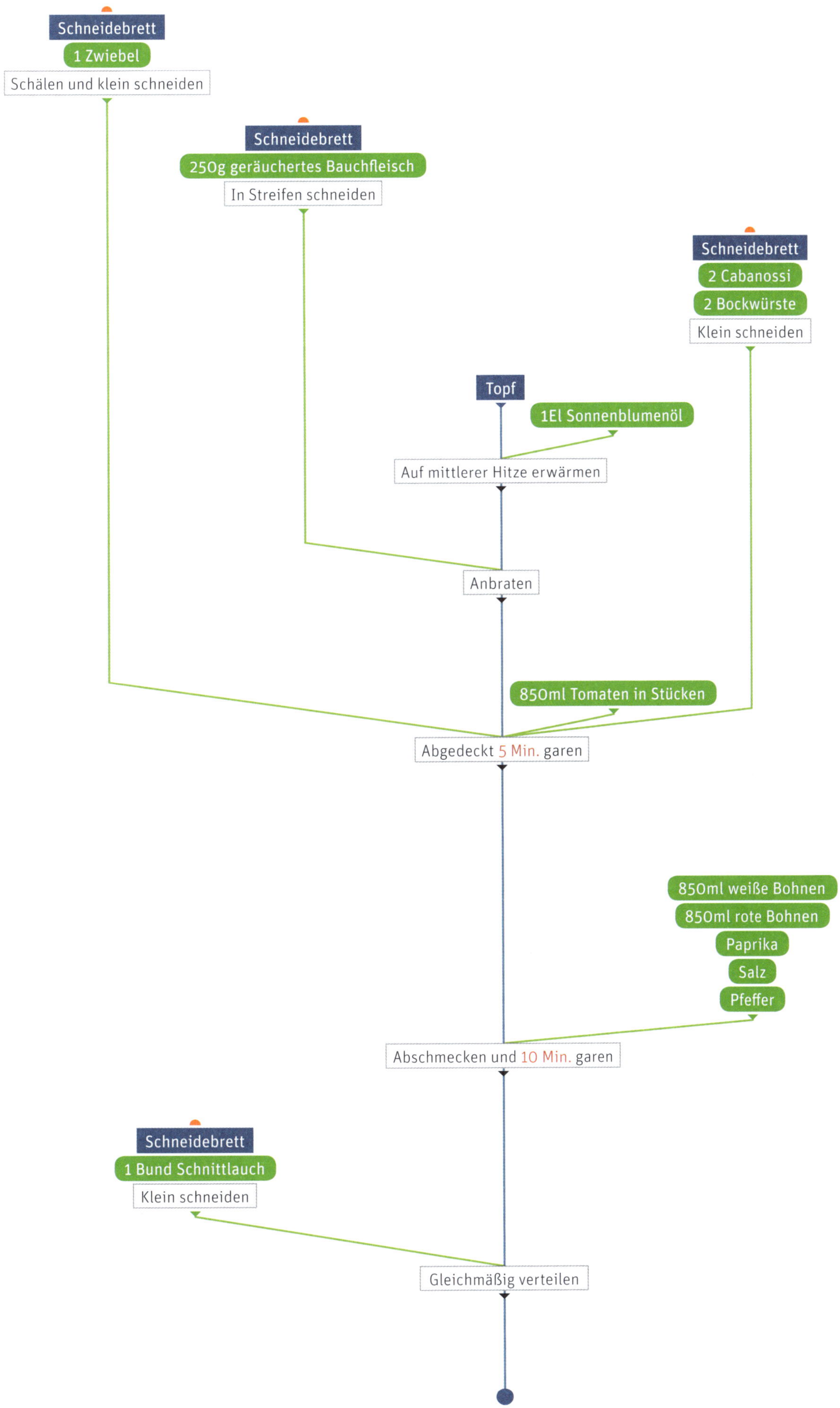
Schneidebrett
1 Zwiebel
Schälen und klein schneiden
Schneidebrett
250g geräuchertes Bauchfleisch
In Streifen schneiden
Schneidebrett
2 Cabanossi
2 Bockwürste
Klein schneiden
Topf
1El Sonnenblumenöl
Auf mittlerer Hitze erwärmen
Anbraten
850ml Tomaten in Stücken
Abgedeckt 5 Min. garen
850ml weiße Bohnen
850ml rote Bohnen
Paprika
Salz
Pfeffer
Abschmecken und 10 Min. garen
Schneidebrett
1 Bund Schnittlauch
Klein schneiden
Gleichmäßig verteilen

Tomatensuppe mit Reis

Arbeitsaufwand

Vorbereitung 20 Min.
Zubereitung 70 Min.

Zutaten

Suppe

2 Zwiebeln
1 Knoblauchzehe
1kg Tomaten
3El Olivenöl
1l Fleischbrühe
1 Prise Zucker
1 Prise Basilikum
1 Prise Majoran
1 Prise Minze
Salz
Pfeffer

Einlagen

40g Reis
40g Parmesan

Utensilien

2 Töpfe
1 Sieb
1 Käsereibe
1 Schneidebrett
1 Messer
1 Kochlöffel

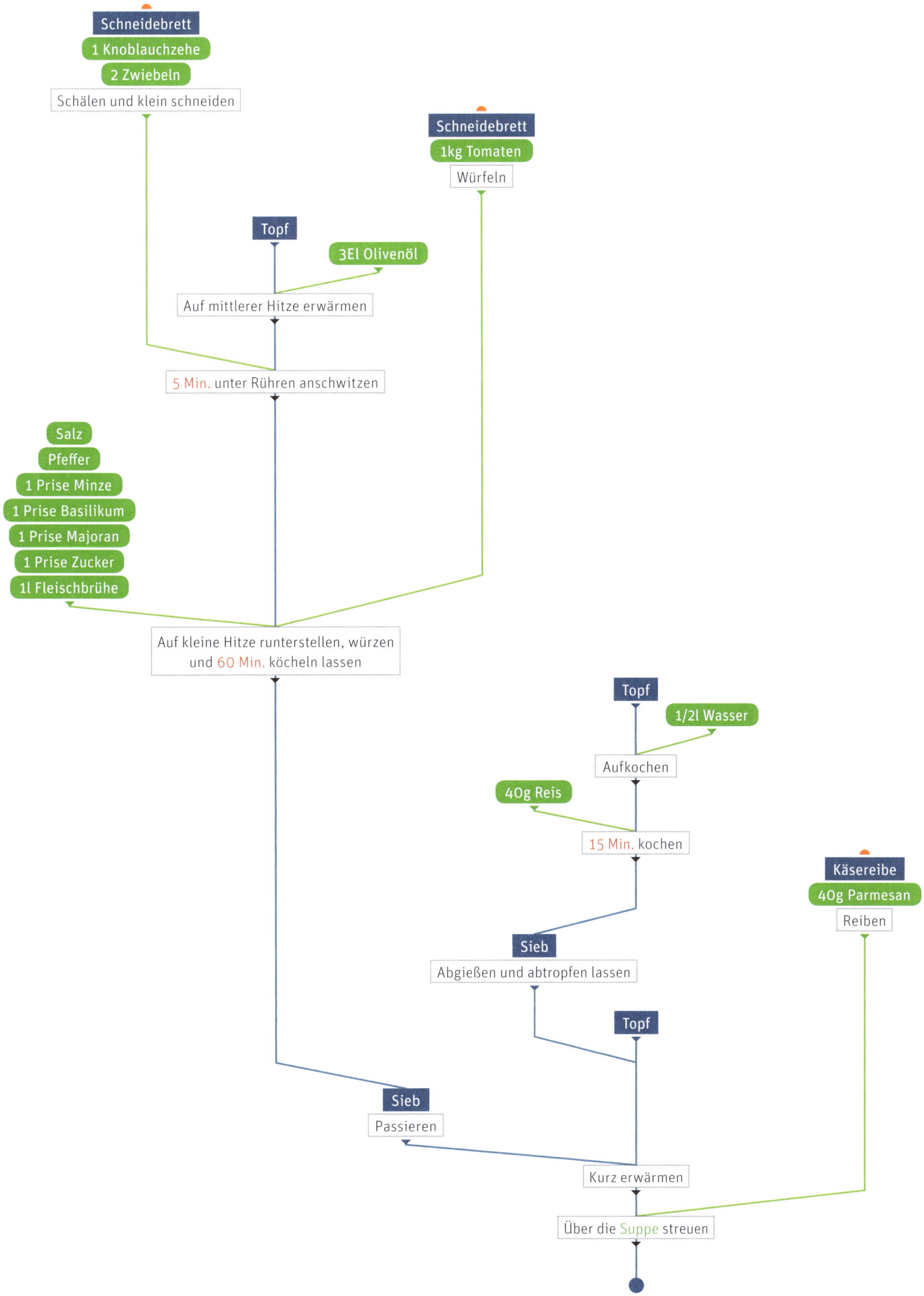
Schneidebrett
1 Knoblauchzehe
2 Zwiebeln
Schälen und klein schneiden
Schneidebrett
1kg Tomaten
Würfeln
Topf
3El Olivenöl
Auf mittlerer Hitze erwärmen
5 Min. unter Rühren anschwitzen
Salz
Pfeffer
1 Prise Minze
1 Prise Basilikum
1 Prise Majoran
1 Prise Zucker
1l Fleischbrühe
Auf kleine Hitze runterstellen, würzen und 60 Min. köcheln lassen
Topf
1/2l Wasser
Aufkochen
40g Reis
15 Min. kochen
Käsereibe
40g Parmesan
Reiben
Sieb
Abgießen und abtropfen lassen
Topf
Sieb
Passieren
Kurz erwärmen
Über die Suppe streuen

Chili con carne

Arbeitsaufwand

Vorbereitung	10 Min.
Zubereitung	35 Min.

Zutaten

500g	Hackfleisch
1	Zwiebel
2	rote Chilischoten
2	Knoblauchzehen
4	Tomaten
2El	Olivenöl
3Tl	Paprikapulver
3Tl	Tomatenmark
850ml	Dose Tomaten in Stücken
425ml	Dose Mais
425ml	Dose rote Bohnen
	Salz
	Pfeffer

Utensilien

1	Topf
1	Schneidebrett
1	Messer
1	Kochlöffel

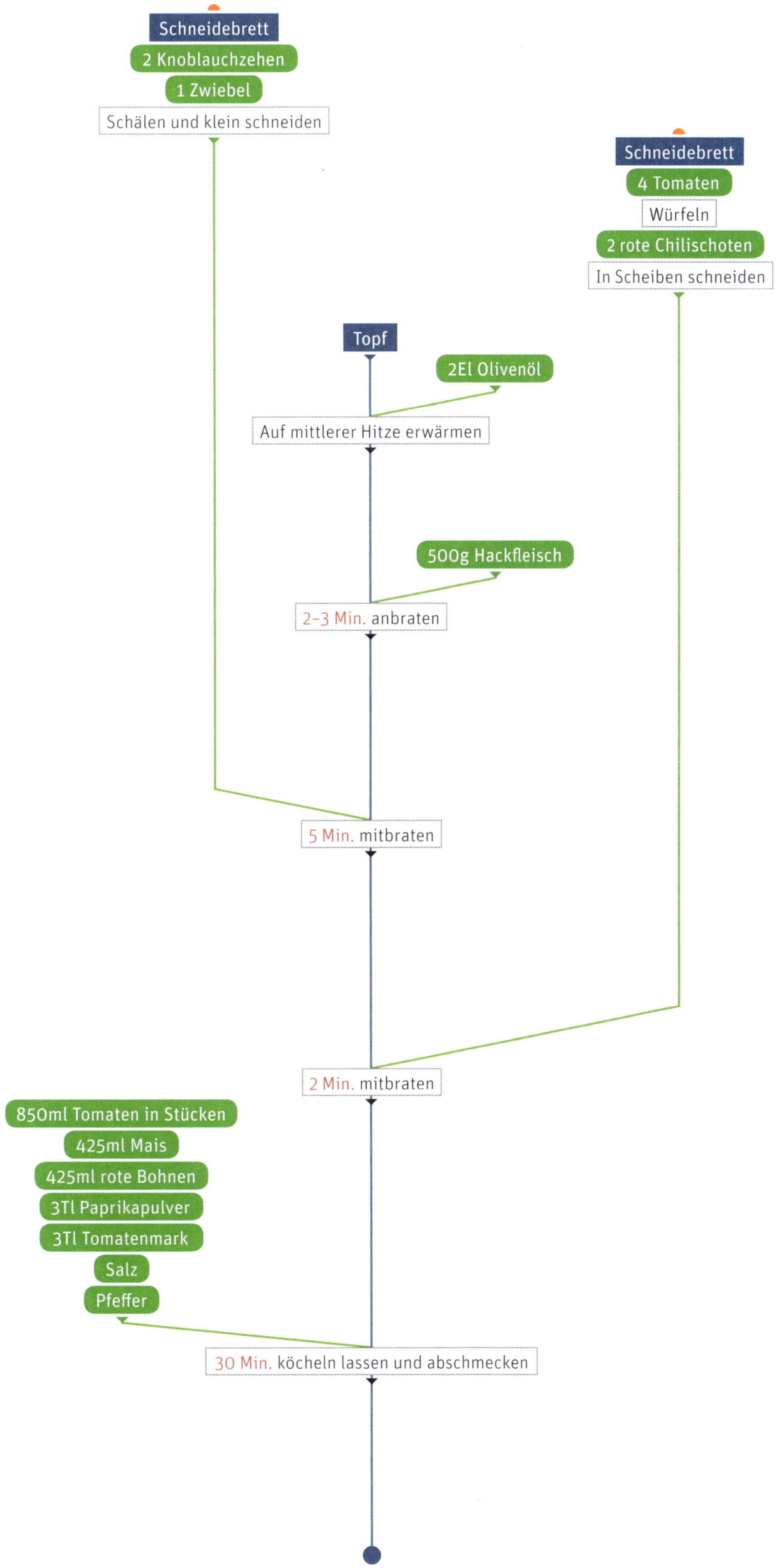
Schneidebrett
2 Knoblauchzehen
1 Zwiebel
Schälen und klein schneiden
Schneidebrett
4 Tomaten
Würfeln
2 rote Chilischoten
In Scheiben schneiden
Topf
2El Olivenöl
Auf mittlerer Hitze erwärmen
500g Hackfleisch
2–3 Min. anbraten
5 Min. mitbraten
2 Min. mitbraten
850ml Tomaten in Stücken
425ml Mais
425ml rote Bohnen
3Tl Paprikapulver
3Tl Tomatenmark
Salz
Pfeffer
30 Min. köcheln lassen und abschmecken

»Frisch ist Gemüse am gesündesten«

Es stimmt zwar, dass frisches Gemüse am gesündesten ist, jedoch nur, wenn es auch frisch geerntet und roh oder lediglich kurz gekocht gegessen wird. Allerdings kommt man nur selten in den Genuss eines solch frischen Gemüses, im Regelfall kauft man es im Supermarkt. Durch den Transport und die Lagerung hat das Gemüse einen langen Weg hinter sich und der Nährstoff- und Vitamingehalt hat bereits deutlich abgenommen. Gemüse aus dem Supermarkt sollte daher schnellstmöglich verzehrt werden.

Tiefkühl- und Dosengemüse wird direkt nach der Ernte weiterverarbeitet, die Nährstoffe und Vitamine somit umgehend konserviert. Tiefkühlgemüse zum Beispiel enthält nach vier Monaten immerhin noch 85% der Nährstoffe und Vitamine.

Blätterteigröllchen mit Feigen und Ziegenkäse

Arbeitsaufwand

Vorbereitung	10 Min.
Zubereitung	35 Min.

Zutaten

Sauce

425ml	Dose Tomaten in Stücken
2	Knoblauchzehen
1Tl	Tomatenmark
1Tl	Oregano
1El	Olivenöl
	Salz
	Pfeffer

Belag

225g	Blätterteigplatten
100g	getrocknete Feigen
100g	Ziegenkäse
4	Rohschinken-scheiben
10	Basilikumblätter

Utensilien

1	Topf
1	Schneidebrett
1	Messer
1	Kochlöffel
1	Backblech
1	Backofen

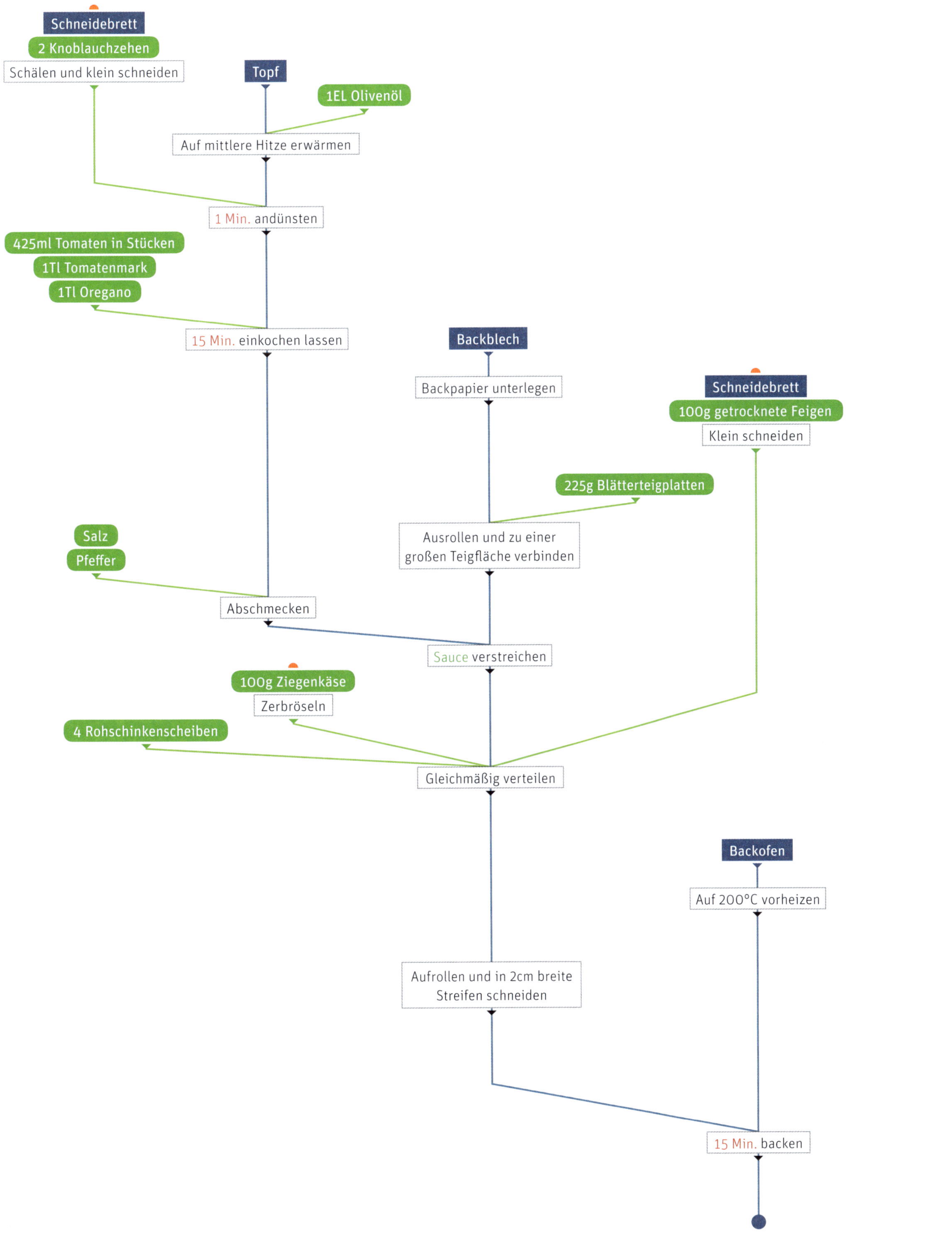
Schneidebrett
2 Knoblauchzehen
Schälen und klein schneiden
Topf
1EL Olivenöl
Auf mittlere Hitze erwärmen
1 Min. andünsten
425ml Tomaten in Stücken
1Tl Tomatenmark
1Tl Oregano
15 Min. einkochen lassen
Backblech
Backpapier unterlegen
Schneidebrett
100g getrocknete Feigen
Klein schneiden
225g Blätterteigplatten
Ausrollen und zu einer großen Teigfläche verbinden
Salz
Pfeffer
Abschmecken
Sauce verstreichen
100g Ziegenkäse
Zerbröseln
4 Rohschinkenscheiben
Gleichmäßig verteilen
Backofen
Auf 200°C vorheizen
Aufrollen und in 2cm breite Streifen schneiden
15 Min. backen

Classic Burger

Arbeitsaufwand

Vorbereitung 15 Min.
Zubereitung 25 Min.

Zutaten

Fleischscheibe

500g Rinderhackfleisch
2 rote Zwiebeln
2 Hand Paniermehl
1 Ei
1El Koriander
1Tl Kreuzkümmel
1Tl Senf
Salz
Pfeffer

Belag

4 große Burgerbrötchen
1 Tomate
2 Gewürzgurken
Ketchup
Senf
4 Salatblätter

Utensilien

1 Backofen
1 Backblech
1 Schüssel
1 Schneidebrett
1 Messer
4 Teller

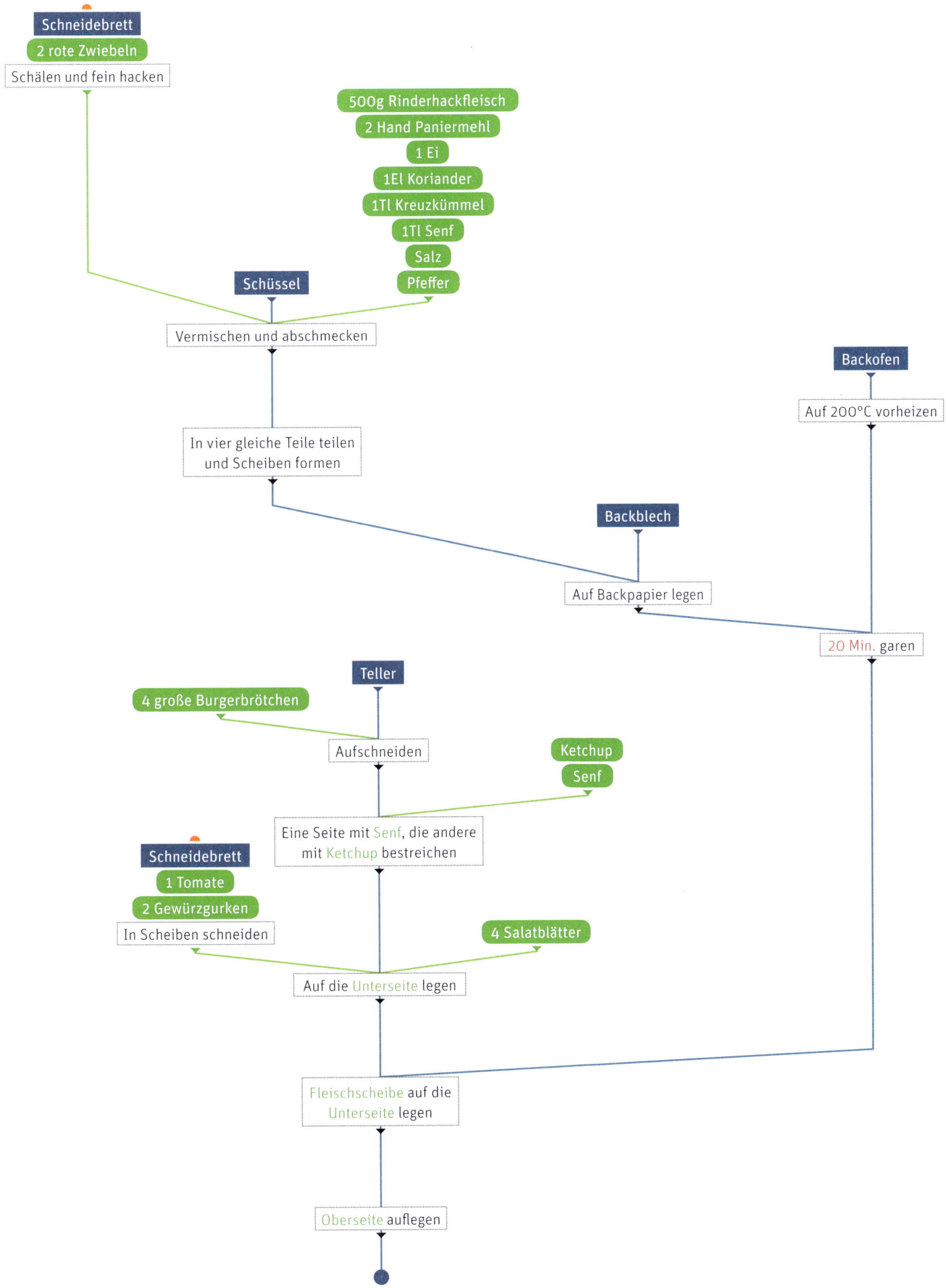
Schneidebrett
2 rote Zwiebeln
Schälen und fein hacken
500g Rinderhackfleisch
2 Hand Paniermehl
1 Ei
1El Koriander
1Tl Kreuzkümmel
1Tl Senf
Salz
Pfeffer
Schüssel
Vermischen und abschmecken
Backofen
Auf 200°C vorheizen
In vier gleiche Teile teilen und Scheiben formen
Backblech
Auf Backpapier legen
20 Min. garen
Teller
4 große Burgerbrötchen
Aufschneiden
Ketchup
Senf
Eine Seite mit Senf, die andere mit Ketchup bestreichen
Schneidebrett
1 Tomate
2 Gewürzgurken
In Scheiben schneiden
4 Salatblätter
Auf die Unterseite legen
Fleischscheibe auf die Unterseite legen
Oberseite auflegen

Steaksandwich mit Balsamico Zwiebeln

Arbeitsaufwand

Vorbereitung	15 Min.
Zubereitung	25 Min.

Zutaten

125g	Saure Sahne
3	Knoblauchzehen
15	Basilikumblätter
2Tl	Zitronensaft
2	rote Zwiebeln
2El	Olivenöl
2El	Balsamicoessig
4	Minutensteaks
1El	Zucker
16	schwarze Oliven
40g	getrocknete Tomaten in Öl
50g	Rucola
1	Ciabatta
	Salz
	Pfeffer

Utensilien

1	Pfanne
2	Schüsseln
1	Schneidebrett
1	Messer
4	Teller

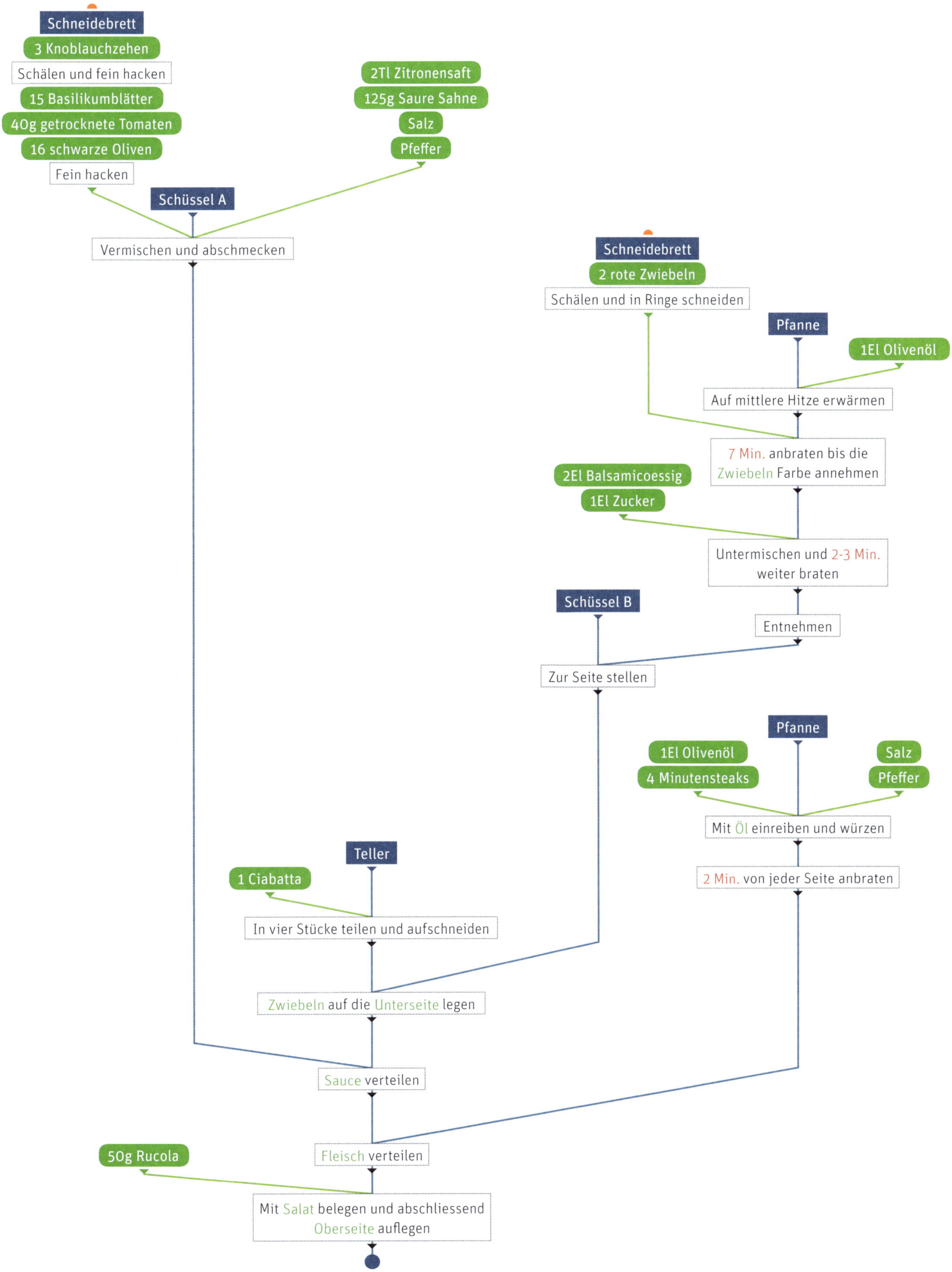
Schneidebrett
3 Knoblauchzehen
Schälen und fein hacken
15 Basilikumblätter
40g getrocknete Tomaten
16 schwarze Oliven
Fein hacken
2Tl Zitronensaft
125g Saure Sahne
Salz
Pfeffer
Schüssel A
Vermischen und abschmecken
Schneidebrett
2 rote Zwiebeln
Schälen und in Ringe schneiden
Pfanne
1El Olivenöl
Auf mittlere Hitze erwärmen
7 Min. anbraten bis die Zwiebeln Farbe annehmen
2El Balsamicoessig
1El Zucker
Untermischen und 2-3 Min. weiter braten
Entnehmen
Schüssel B
Zur Seite stellen
Pfanne
1El Olivenöl
4 Minutensteaks
Salz
Pfeffer
Mit Öl einreiben und würzen
2 Min. von jeder Seite anbraten
Teller
1 Ciabatta
In vier Stücke teilen und aufschneiden
Zwiebeln auf die Unterseite legen
Sauce verteilen
Fleisch verteilen
50g Rucola
Mit Salat belegen und abschliessend Oberseite auflegen

Currywurst

Arbeitsaufwand

Vorbereitung	10 Min.
Zubereitung	30 Min.

Zutaten

4	Bratwürste

Sauce

425ml	Dose Tomaten in Stücken
3	Tomaten
5Tl	Tomatenmark
1/4	Zwiebel
1	Knoblauchzehe
2El	Sonnenblumenöl
2El	Weißweinessig
75ml	Wasser
1Tl	Salz
3Tl	Worcestersauce

Utensilien

1	Pfanne
1	Pürierstab
1	Topf
1	Schneidebrett
1	Messer

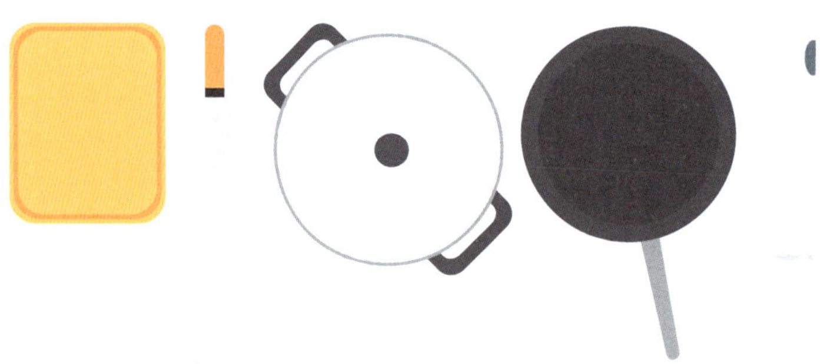

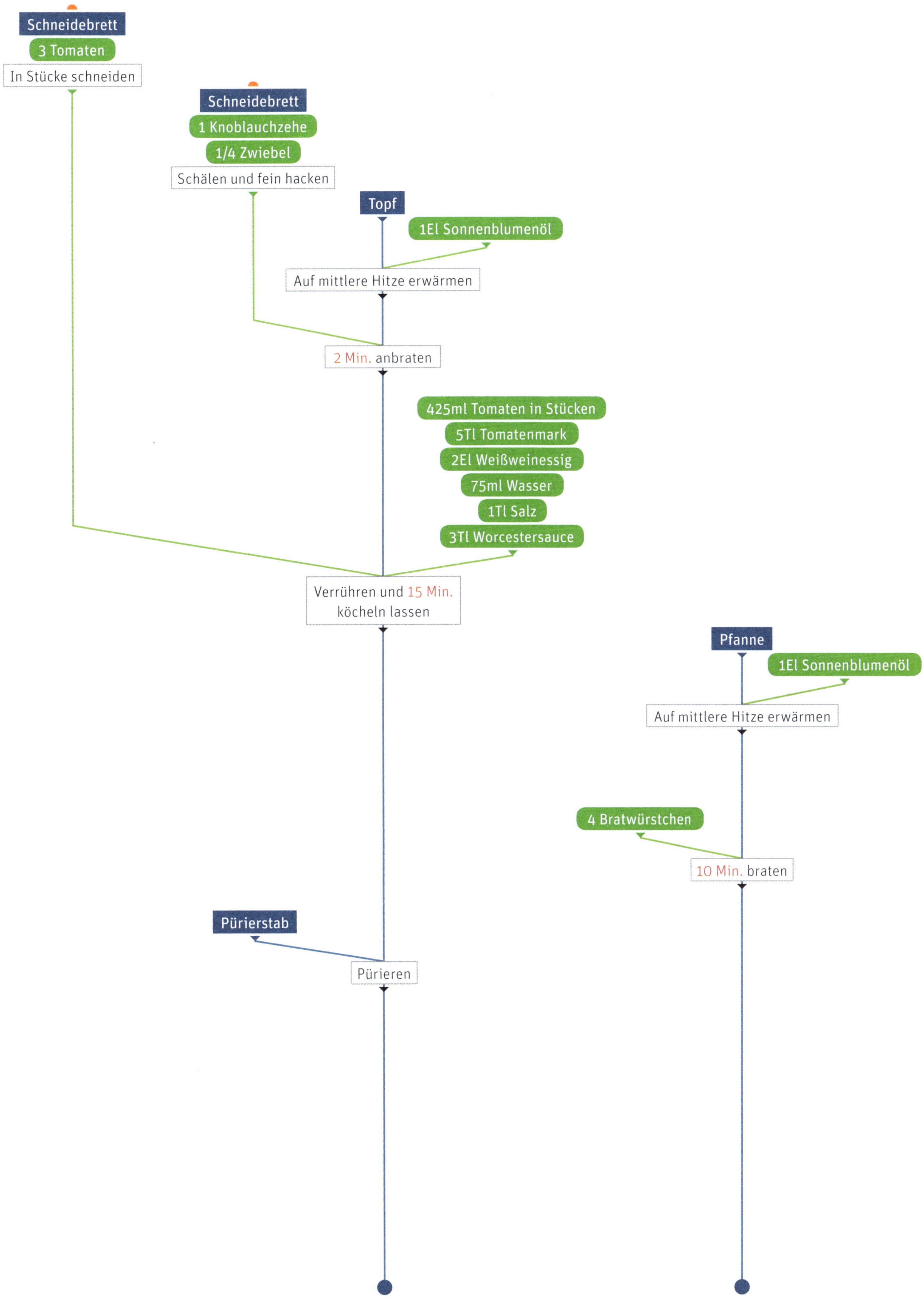
Schneidebrett
3 Tomaten
In Stücke schneiden
Schneidebrett
1 Knoblauchzehe
1/4 Zwiebel
Schälen und fein hacken
Topf
1El Sonnenblumenöl
Auf mittlere Hitze erwärmen
2 Min. anbraten
425ml Tomaten in Stücken
5Tl Tomatenmark
2El Weißweinessig
75ml Wasser
1Tl Salz
3Tl Worcestersauce
Verrühren und 15 Min. köcheln lassen
Pfanne
1El Sonnenblumenöl
Auf mittlere Hitze erwärmen
4 Bratwürstchen
10 Min. braten
Pürierstab
Pürieren

Apfelpfannkuchen

Arbeitsaufwand

Vorbereitung	10 Min.
Zubereitung	15 Min.

Zutaten

4	Äpfel
200g	Mehl
3	Eier
350ml	Milch
20g	Zucker
	Butter
	Salz

Utensilien

1	Pfanne
1	Schüssel
1	Handrührer
1	Sparschäler
1	Schneidebrett
1	Messer

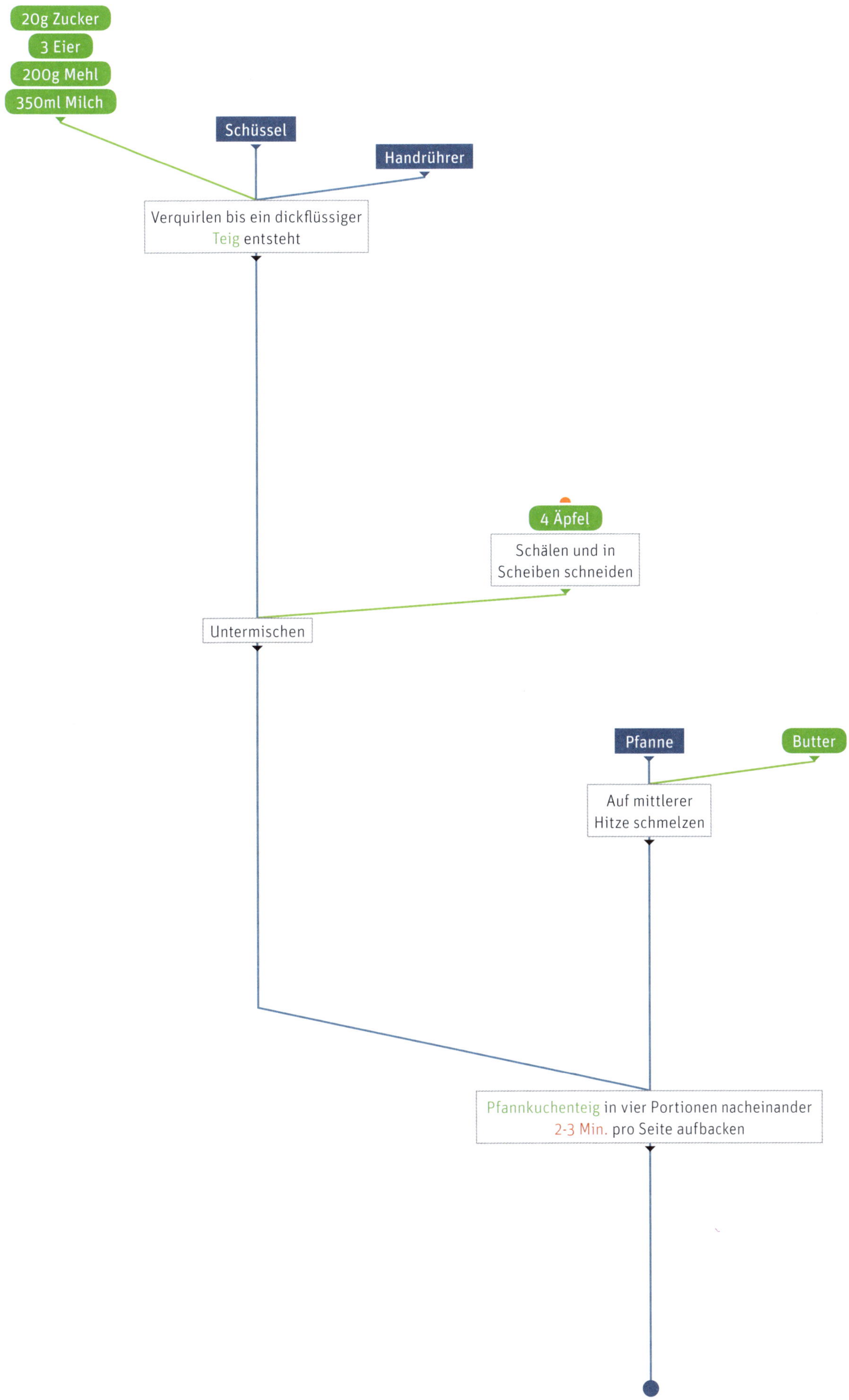
20g Zucker
3 Eier
200g Mehl
350ml Milch
Schüssel
Handrührer
Verquirlen bis ein dickflüssiger Teig entsteht
4 Äpfel
Schälen und in Scheiben schneiden
Untermischen
Pfanne
Butter
Auf mittlerer Hitze schmelzen
Pfannkuchenteig in vier Portionen nacheinander 2-3 Min. pro Seite aufbacken

Guacamole und Tortilla Chips

Arbeitsaufwand

Vorbereitung	20 Min.
Zubereitung	5 Min.

Zutaten

Sauce

2	reife Avocados
2	Tomaten
2Tl	Senf
1	Zitrone (Saft)
	Salz
	Pfeffer

Chips

400g	Tortilla-Chips
125g	geriebenen Käse
2	grüne Chilischoten

Utensilien

1	Schüssel
1	Pürierstab
1	Schneidebrett
1	Messer
1	Backofen
1	Backblech

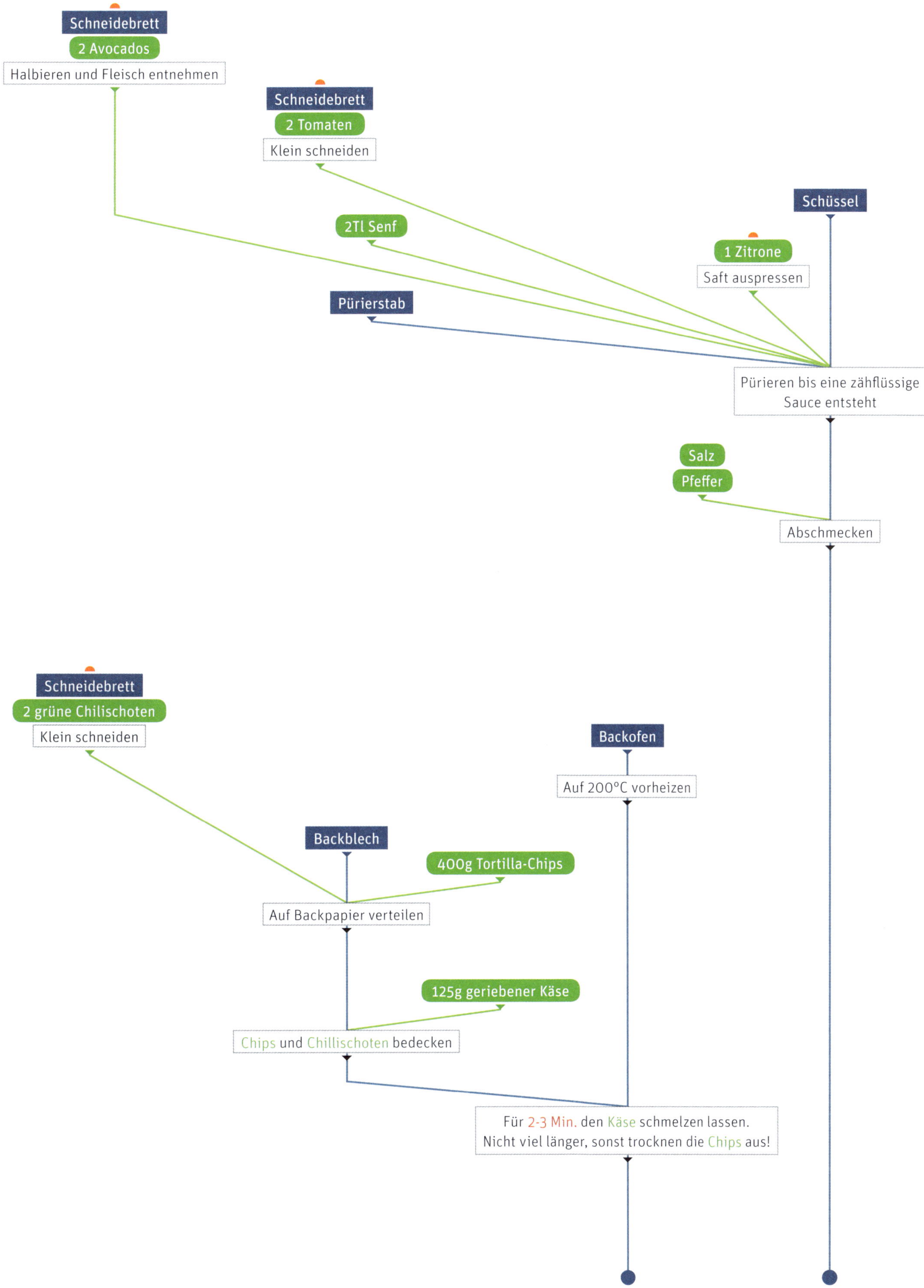
Schneidebrett
2 Avocados
Halbieren und Fleisch entnehmen
Schneidebrett
2 Tomaten
Klein schneiden
Schüssel
2Tl Senf
1 Zitrone
Saft auspressen
Pürierstab
Pürieren bis eine zähflüssige Sauce entsteht
Salz
Pfeffer
Abschmecken
Schneidebrett
2 grüne Chilischoten
Klein schneiden
Backofen
Auf 200°C vorheizen
Backblech
400g Tortilla-Chips
Auf Backpapier verteilen
125g geriebener Käse
Chips und Chillischoten bedecken
Für 2-3 Min. den Käse schmelzen lassen.
Nicht viel länger, sonst trocknen die Chips aus!

Mediterraner Nudelsalat

Arbeitsaufwand

Vorbereitung	10 Min.
Zubereitung	15 Min.

Zutaten

Dressing

15	Basilikumblätter
1	Knoblauchzehe
2El	Parmesan, gerieben
4El	Olivenöl
2El	Zitronensaft
	Pfeffer

Salat

300g	Penne
4	Tomaten
80g	schwarze Oliven
60g	getrocknete Tomaten in Öl
2El	Pinienkerne
2El	Parmesan, gehobelt
1Tl	Salz

Utensilien

1	Schüssel
1	Schneidebrett
1	Messer
1	Käsereibe
1	Topf
1	Sieb

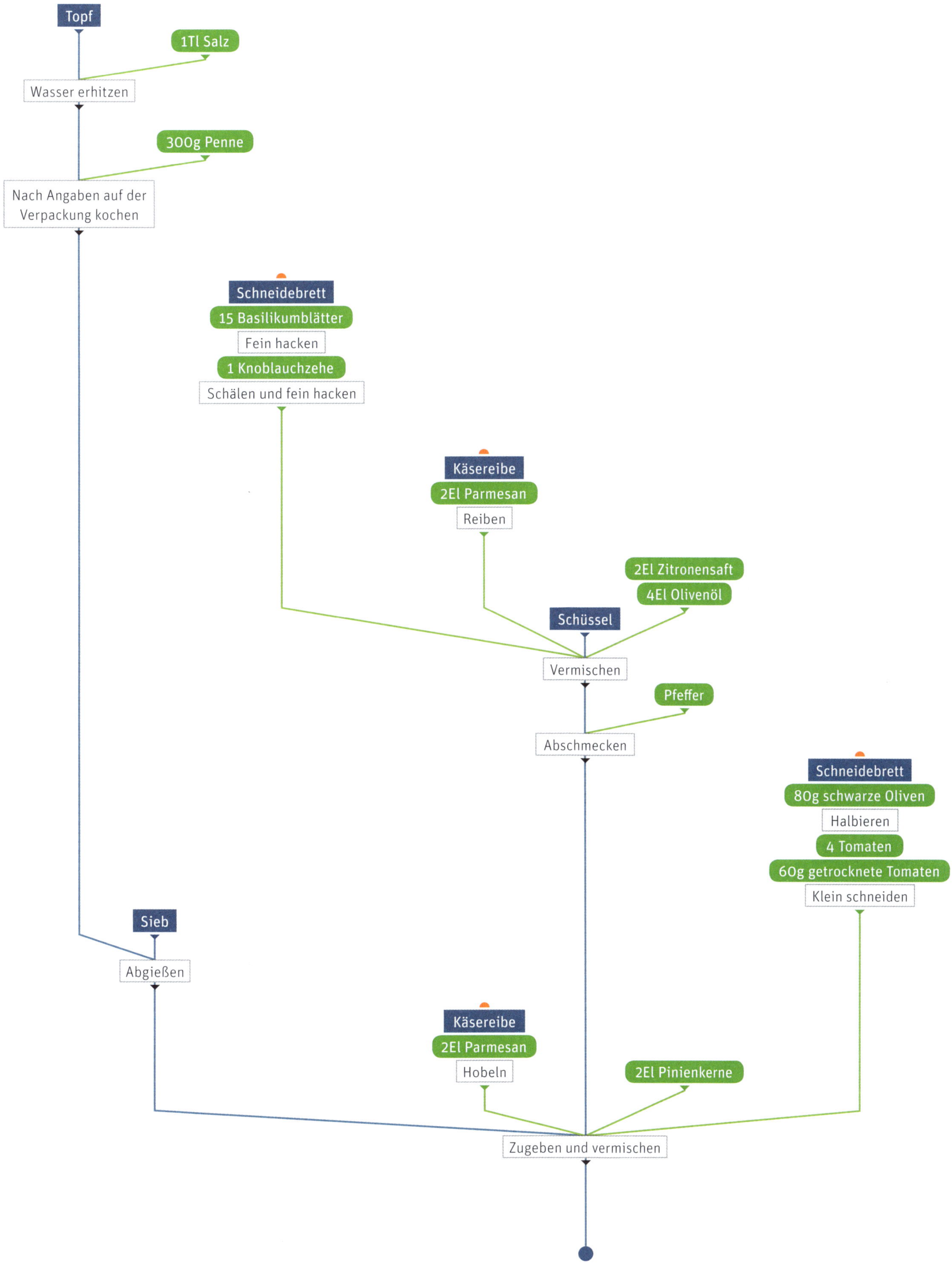
Topf
1Tl Salz
Wasser erhitzen
300g Penne
Nach Angaben auf der Verpackung kochen
Schneidebrett
15 Basilikumblätter
Fein hacken
1 Knoblauchzehe
Schälen und fein hacken
Käsereibe
2El Parmesan
Reiben
2El Zitronensaft
4El Olivenöl
Schüssel
Vermischen
Pfeffer
Abschmecken
Schneidebrett
80g schwarze Oliven
Halbieren
4 Tomaten
60g getrocknete Tomaten
Klein schneiden
Sieb
Abgießen
Käsereibe
2El Parmesan
Hobeln
2El Pinienkerne
Zugeben und vermischen

Artischocken-Schinken-Salat

Arbeitsaufwand

Vorbereitung	15 Min.
Zubereitung	5 Min.

Zutaten

Dressing

3El	Olivenöl
1El	Weißweinessig
1	Knoblauchzehe
1/2Tl	Senf
1Tl	Honig

Salat

275g	Artischocken in Öl
4	Tomaten
30g	getrocknete Tomaten
30g	schwarze Oliven, entsteint
30g	Parmaschinken
10	Basilikumblätter
	Salz
	Pfeffer

Utensilien

2	Schüsseln
1	Schneidebrett
1	Messer

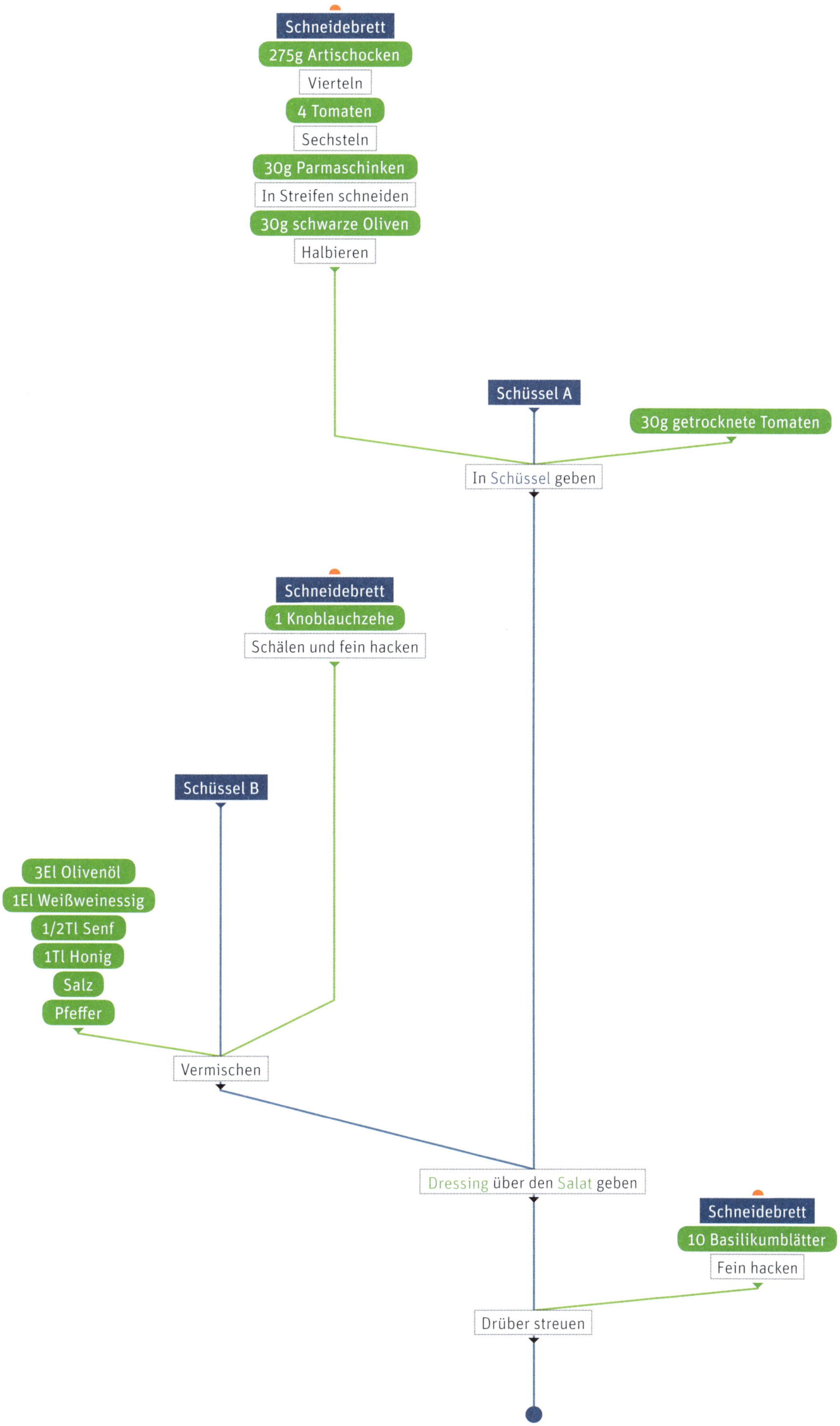
Schneidebrett
275g Artischocken
Vierteln
4 Tomaten
Sechsteln
30g Parmaschinken
In Streifen schneiden
30g schwarze Oliven
Halbieren
Schüssel A
30g getrocknete Tomaten
In Schüssel geben
Schneidebrett
1 Knoblauchzehe
Schälen und fein hacken
Schüssel B
3El Olivenöl
1El Weißweinessig
1/2Tl Senf
1Tl Honig
Salz
Pfeffer
Vermischen
Dressing über den Salat geben
Schneidebrett
10 Basilikumblätter
Fein hacken
Drüber streuen

»Pilze dürfen nicht wieder aufgewärmt werden«

Es existiert der Mythos, ein Aufwärmen von Pilzgerichten berge Gesundheitsrisiken. Das stimmt nicht zwangsläufig. Lässt man das Gericht nach dem ersten Erwärmen schnell abkühlen und lagert es daraufhin abgedeckt im Kühlschrank, kann es ohne Bedenken wieder erwärmt werden. Es ist lediglich wichtig, das gesamte Gericht auf eine Mindesttemperatur von 70°C zu erhitzen, um Mikroorganismen abzutöten.

Pfirsich-Feta-Tomaten-Salat

Arbeitsaufwand

Vorbereitung	15 Min.
Zubereitung	15 Min.

Zutaten

1	Zwiebel
1	gelbe Paprika
1	grüne Paprika
4	Tomaten
2	Pfirsiche
3El	Weißweinessig
	Salz
	Pfeffer
1 Prise	Zucker
6El	Olivenöl
200g	Fetakäse

Utensilien

1	Schüssel
1	Schneidebrett
1	Messer

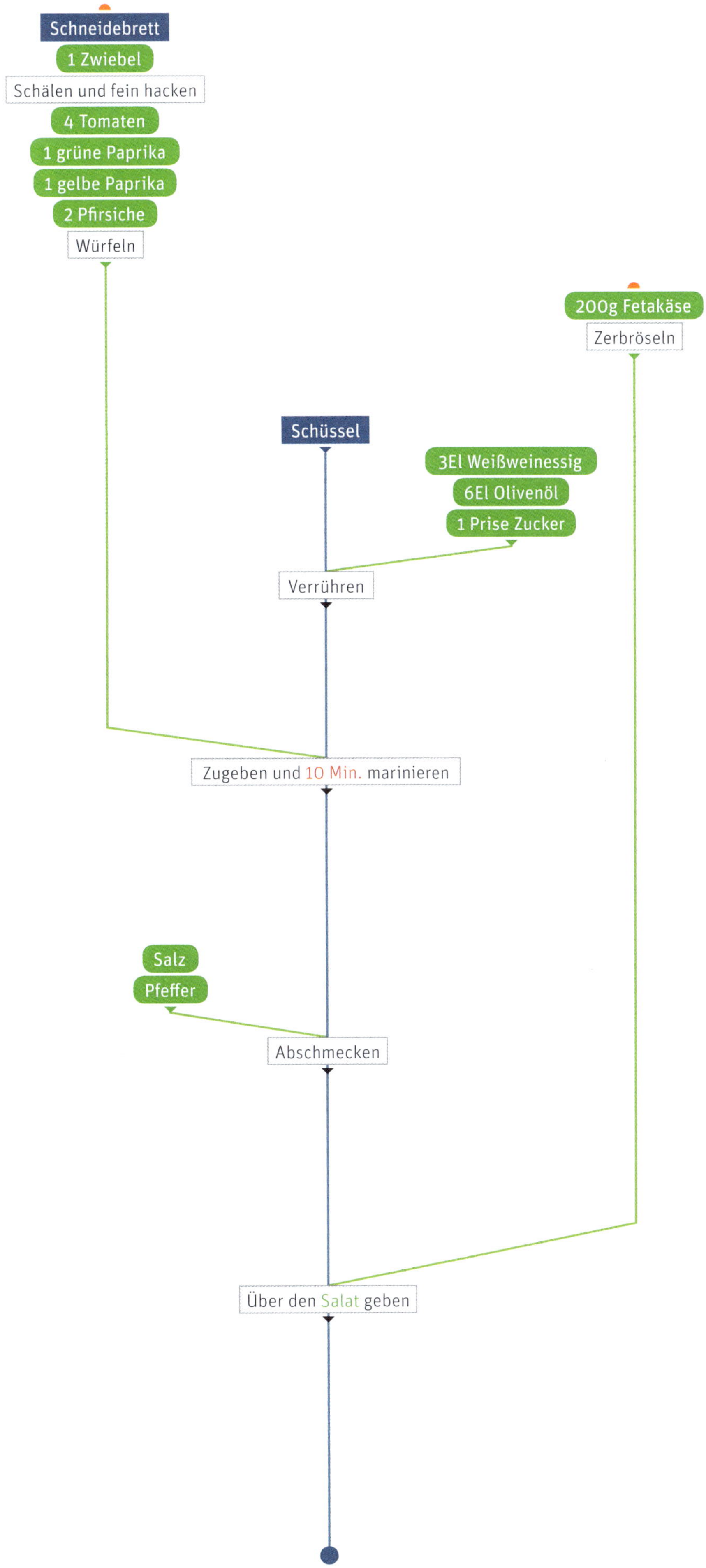
Schneidebrett
1 Zwiebel
Schälen und fein hacken
4 Tomaten
1 grüne Paprika
1 gelbe Paprika
2 Pfirsiche
Würfeln
200g Fetakäse
Zerbröseln
Schüssel
3El Weißweinessig
6El Olivenöl
1 Prise Zucker
Verrühren
Zugeben und 10 Min. marinieren
Salz
Pfeffer
Abschmecken
Über den Salat geben

Physalis und Feldsalat

Arbeitsaufwand

Vorbereitung	15 Min.
Zubereitung	7 Min.

Zutaten

150g	Fetakäse
150g	Physalis
75g	Walnüsse
400g	Feldsalat
100g	Champignons
2Tl	Senf
2Tl	Honig
2El	Weißweinessig
2El	Olivenöl
2El	Wasser
	Salz
	Pfeffer

Utensilien

1	Schüssel
1	Schneidebrett
1	Messer
1	Pfanne

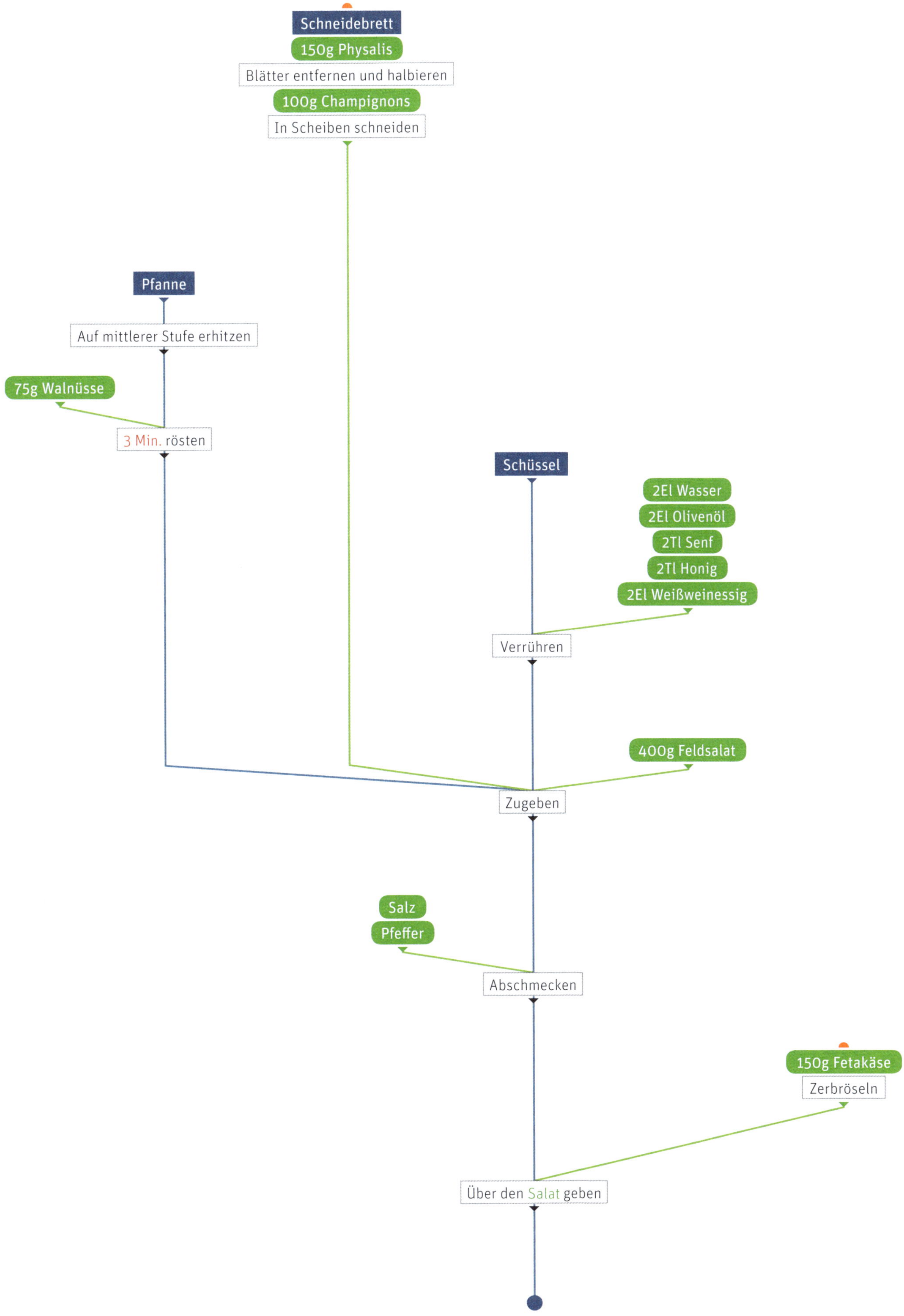
Schneidebrett
150g Physalis
Blätter entfernen und halbieren
100g Champignons
In Scheiben schneiden
Pfanne
Auf mittlerer Stufe erhitzen
75g Walnüsse
3 Min. rösten
Schüssel
2El Wasser
2El Olivenöl
2Tl Senf
2Tl Honig
2El Weißweinessig
Verrühren
400g Feldsalat
Zugeben
Salz
Pfeffer
Abschmecken
150g Fetakäse
Zerbröseln
Über den Salat geben

Kirsch-Pfirsich-Salat

Arbeitsaufwand

Vorbereitung	20 Min.
Zubereitung	5 Min.

Zutaten

Salat

500g	Süßkirschen
4	Pfirsiche
6El	Pinienkerne
3Tl	Honig
4El	Minze

Dressing

6El	Limettensaft
2Tl	Honig

Utensilien

1	Schüssel
1	Pfanne
1	Schneidebrett
1	Messer

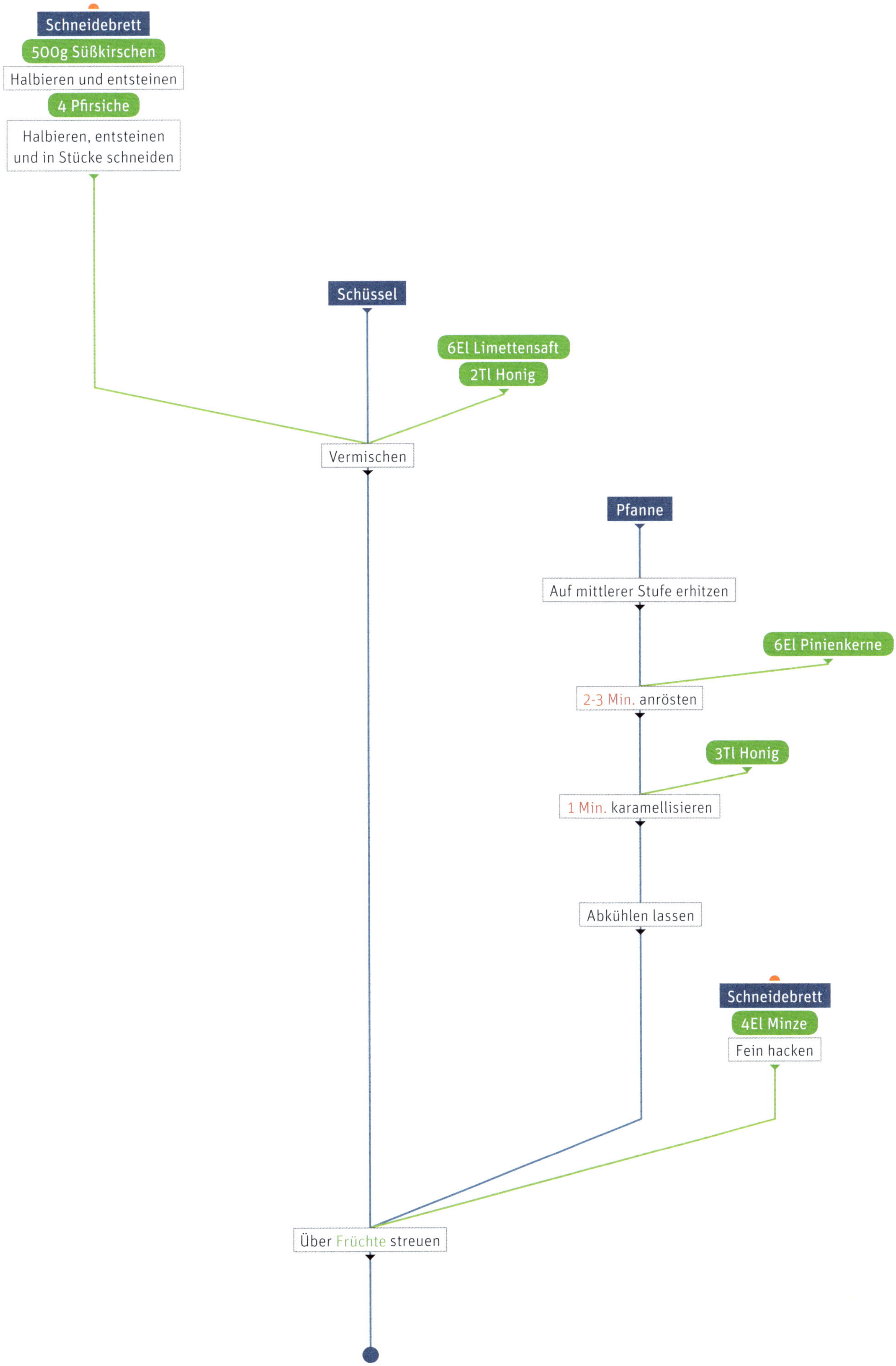
Schneidebrett
500g Süßkirschen
Halbieren und entsteinen
4 Pfirsiche
Halbieren, entsteinen und in Stücke schneiden
Schüssel
6El Limettensaft
2Tl Honig
Vermischen
Pfanne
Auf mittlerer Stufe erhitzen
6El Pinienkerne
2-3 Min. anrösten
3Tl Honig
1 Min. karamellisieren
Abkühlen lassen
Schneidebrett
4El Minze
Fein hacken
Über Früchte streuen

Schwäbischer Kartoffelsalat

Arbeitsaufwand

Vorbereitung	5 Min.
Zubereitung	30 Min.

Zutaten

1kg	Kartoffeln
2	Zwiebeln
2El	Weißweinessig
3El	Sonnenblumenöl
	Salz
	Pfeffer

Utensilien

1	Schüssel
1	Topf
1	Schneidebrett
1	Messer

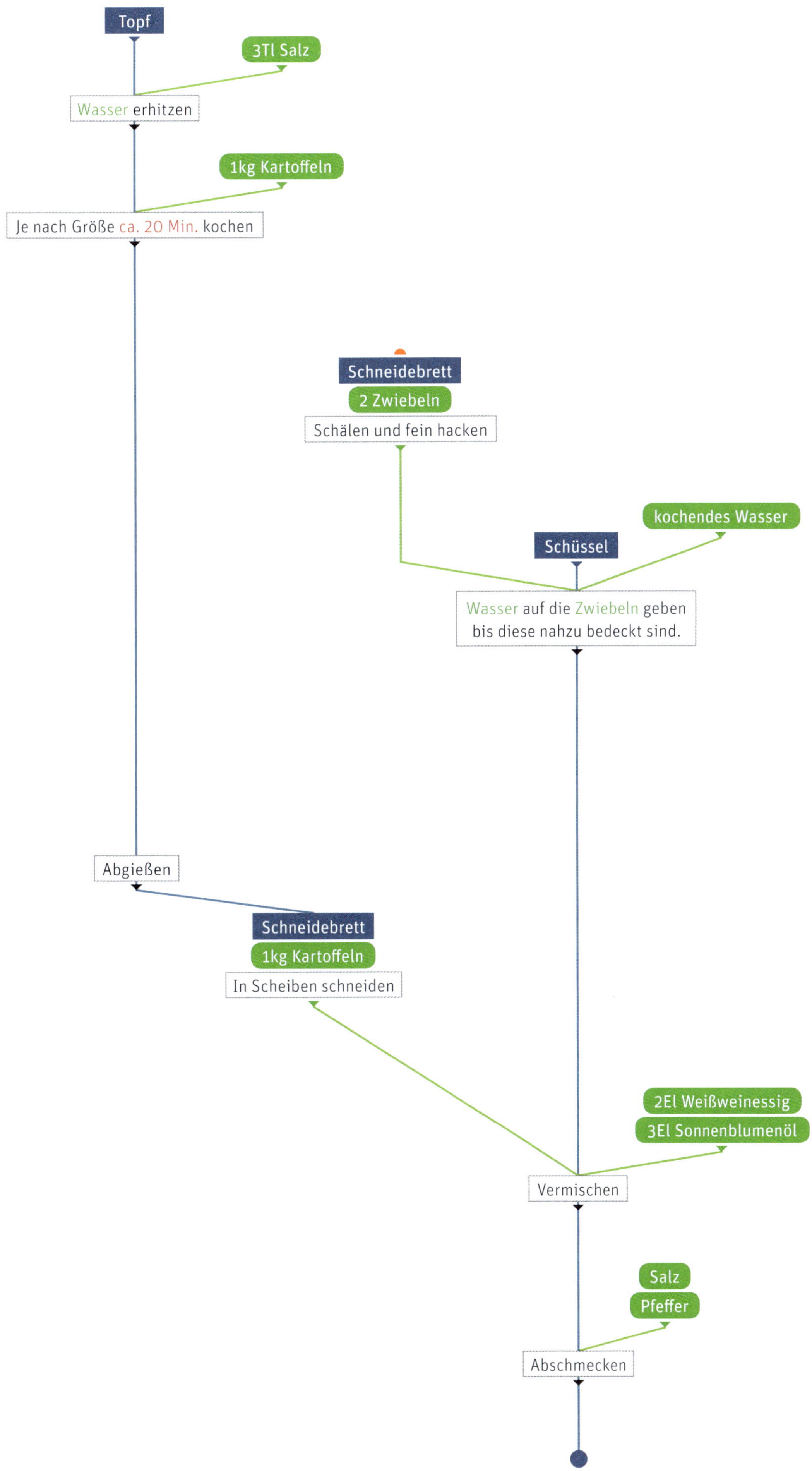

Topf
3Tl Salz
Wasser erhitzen
1kg Kartoffeln
Je nach Größe ca. 20 Min. kochen
Schneidebrett
2 Zwiebeln
Schälen und fein hacken
kochendes Wasser
Schüssel
Wasser auf die Zwiebeln geben bis diese nahzu bedeckt sind.
Abgießen
Schneidebrett
1kg Kartoffeln
In Scheiben schneiden
2El Weißweinessig
3El Sonnenblumenöl
Vermischen
Salz
Pfeffer
Abschmecken

»Bei geringer Hitze dringt mehr Fett in das Frittiergut ein«

Beim Frittieren werden wasserhaltige Lebensmittel bei einer Temperatur von 140°C bis 180°C vollständig in Speiseöl oder -fett eingetaucht. Dabei wird Wasser aus dem Frittiergut nach außen getragen. Mit abnehmender Feuchtigkeit entsteht eine Kruste an den Rändern.

Egal bei welcher Temperatur man frittiert, es wird immer die gleiche Menge an Fett oder Öl verbraucht. Das meiste Fett dringt erst ein, wenn das Frittiergut entnommen wird und abkühlt. Durch die fehlende Hitze wird kein Wasser mehr aus dem Frittiergut transportiert. Das entstandene Vakuum füllt sich mit Fett, welches auf den frittierten Speisen haftet. Daher ist es wichtig, das Frittiergut direkt nach der Entnahme gründlich abtropfen zu lassen oder mit einem Küchentuch abzutupfen.

Falafel und gebackene Aubergine

Arbeitsaufwand

Vorbereitung 30 Min.
Zubereitung 17 Min.

Zutaten

Falafel

400g Kichererbsen
1 Zitrone
1 Zwiebel
2 Knoblauchzehen
1El Korianderblätter
30 Petersilienblätter
2Tl Kümmel, gemahlen
8El Mehl
2El Semmelbrösel
1l Sonnenblumenöl

Aubergine

1 Aubergine
Olivenöl
Salz

Dip

250ml Crème fraîche
2 Zwiebeln
2 Knoblauchzehen
3El Milch
1Tl Zitronensaft
Schnittlauch
Salz
Pfeffer

Utensilien

1 hohe Pfanne
1 Schneidebrett
1 Messer
1 Backblech
1 Backofen
1 Schüssel
1 Pürierstab

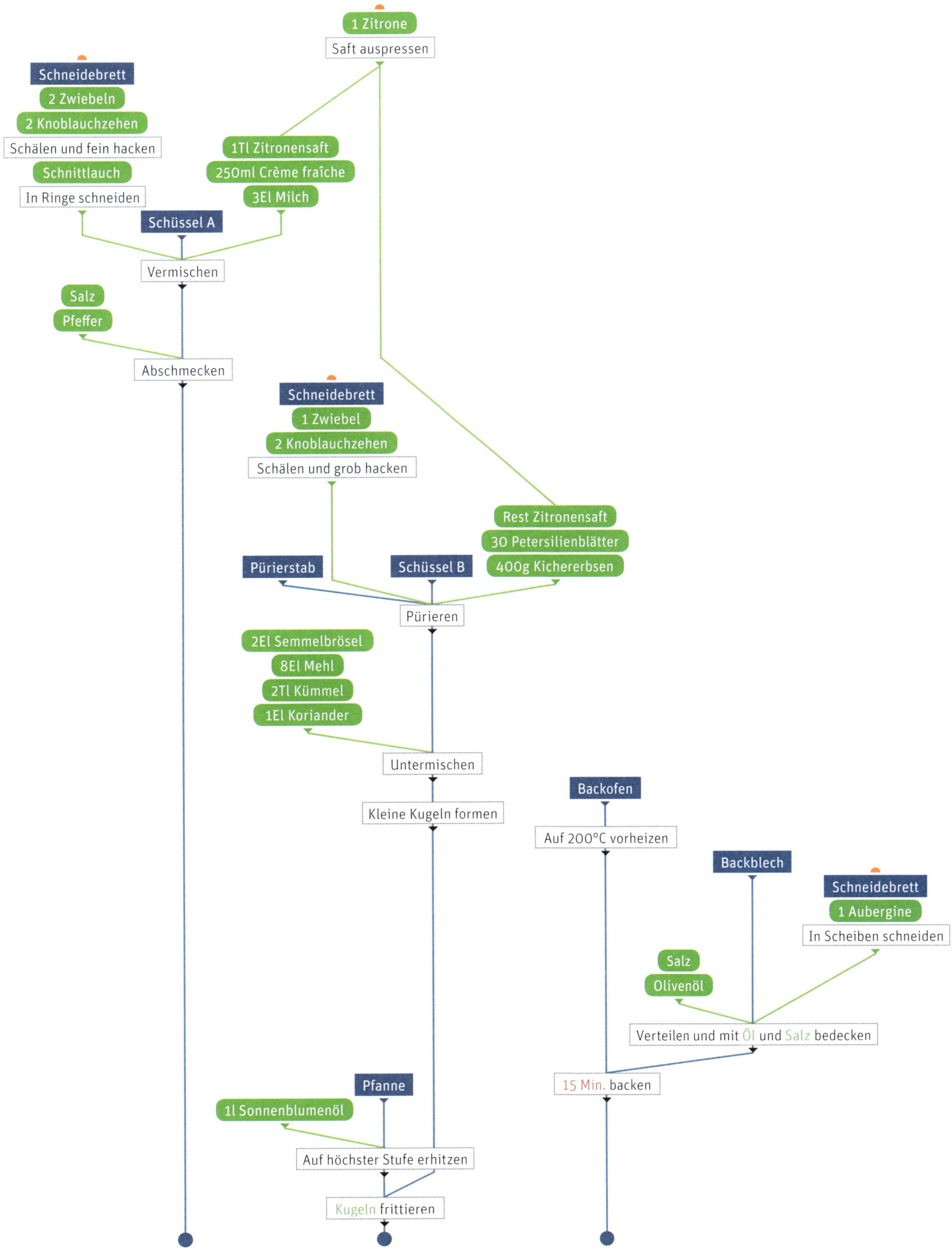
1 Zitrone
Saft auspressen
Schneidebrett
2 Zwiebeln
2 Knoblauchzehen
Schälen und fein hacken
Schnittlauch
In Ringe schneiden
1Tl Zitronensaft
250ml Crème fraîche
3El Milch
Schüssel A
Vermischen
Salz
Pfeffer
Abschmecken
Schneidebrett
1 Zwiebel
2 Knoblauchzehen
Schälen und grob hacken
Rest Zitronensaft
30 Petersilienblätter
400g Kichererbsen
Pürierstab
Schüssel B
Pürieren
2El Semmelbrösel
8El Mehl
2Tl Kümmel
1El Koriander
Untermischen
Kleine Kugeln formen
Backofen
Auf 200°C vorheizen
Backblech
Schneidebrett
1 Aubergine
In Scheiben schneiden
Salz
Olivenöl
Verteilen und mit Öl und Salz bedecken
15 Min. backen
Pfanne
1l Sonnenblumenöl
Auf höchster Stufe erhitzen
Kugeln frittieren

Scharfe Tomaten und Gnocchi

Arbeitsaufwand

Vorbereitung	10 Min.
Zubereitung	15 Min.

Zutaten

3El	Olivenöl
2	rote Zwiebeln
1	Knoblauchzehe
2El	Balsamicoessig
6	Tomaten
2	rote Chilischoten
200g	Fetakäse
10	Basilikumblätter
600g	Gnocchi
	Salz

Utensilien

2	Pfannen
1	Schneidebrett
1	Messer
1	Pfannenwender

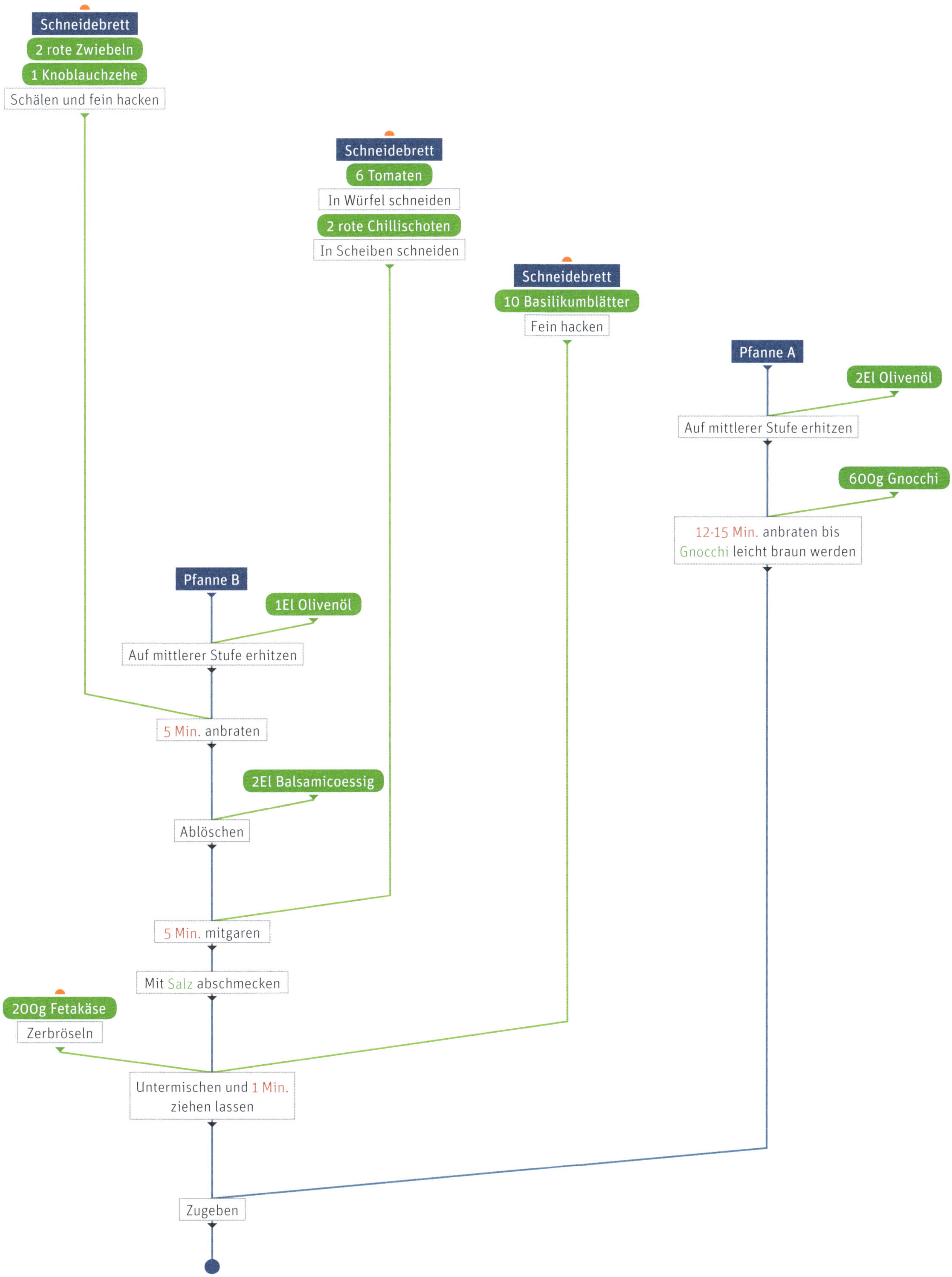
Schneidebrett
2 rote Zwiebeln
1 Knoblauchzehe
Schälen und fein hacken
Schneidebrett
6 Tomaten
In Würfel schneiden
2 rote Chillischoten
In Scheiben schneiden
Schneidebrett
10 Basilikumblätter
Fein hacken
Pfanne A
2El Olivenöl
Auf mittlerer Stufe erhitzen
600g Gnocchi
12-15 Min. anbraten bis Gnocchi leicht braun werden
Pfanne B
1El Olivenöl
Auf mittlerer Stufe erhitzen
5 Min. anbraten
2El Balsamicoessig
Ablöschen
5 Min. mitgaren
Mit Salz abschmecken
200g Fetakäse
Zerbröseln
Untermischen und 1 Min. ziehen lassen
Zugeben

Pizza Caprese

Arbeitsaufwand

Vorbereitung	25 Min.
Zubereitung	40 Min.

Zutaten

Pesto

80g	Pinienkerne
50	Basilikumblätter
2	Knoblauchzehen
2Tl	Zitronensaft
6El	Olivenöl
	Salz
	Pfeffer

Belag

2	Tomaten
2	Mozzarella

Teig

300g	Mehl
75ml	Olivenöl
4El	Milch

Sauce

2	Knoblauchzehen
1El	Olivenöl
425ml	Dose Tomaten in Stücken
30	Oreganoblätter
	Salz
	Pfeffer

Utensilien

2	Schüsseln
1	Pürierstab
1	Schneidebrett
1	Messer
1	Backofen
1	Backblech
1	Pfanne
1	Topf

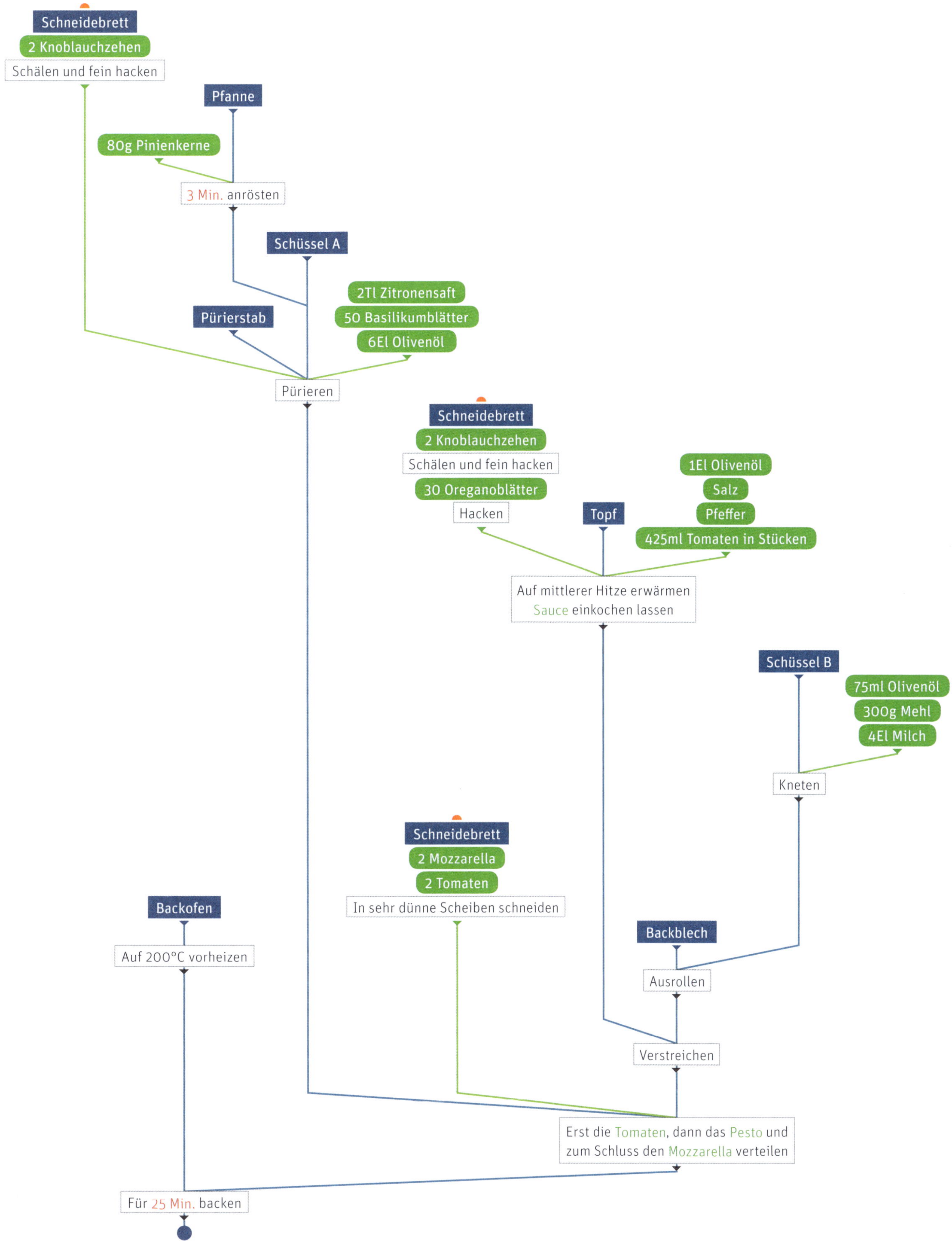
Schneidebrett
2 Knoblauchzehen
Schälen und fein hacken
Pfanne
80g Pinienkerne
3 Min. anrösten
Schüssel A
2Tl Zitronensaft
50 Basilikumblätter
6El Olivenöl
Pürierstab
Pürieren
Schneidebrett
2 Knoblauchzehen
Schälen und fein hacken
30 Oreganoblätter
Hacken
Topf
1El Olivenöl
Salz
Pfeffer
425ml Tomaten in Stücken
Auf mittlerer Hitze erwärmen
Sauce einkochen lassen
Schüssel B
75ml Olivenöl
300g Mehl
4El Milch
Kneten
Schneidebrett
2 Mozzarella
2 Tomaten
In sehr dünne Scheiben schneiden
Backofen
Auf 200°C vorheizen
Backblech
Ausrollen
Verstreichen
Erst die Tomaten, dann das Pesto und zum Schluss den Mozzarella verteilen
Für 25 Min. backen

Penne, Artischocken, getrocknete Tomaten

Arbeitsaufwand

Vorbereitung	10 Min.
Zubereitung	20 Min.

Zutaten

500g	Penne
400g	Artischocken
4	Knoblauchzehen
10	Basilikumblätter
10	Petersilienblätter
50g	Parmesan
250g	getrocknete Tomaten in Öl
	Salz
	Pfeffer

Utensilien

1	Pfanne
1	Topf
1	Schneidebrett
1	Messer
1	Pfannenwender
1	Sieb
1	Käsereibe

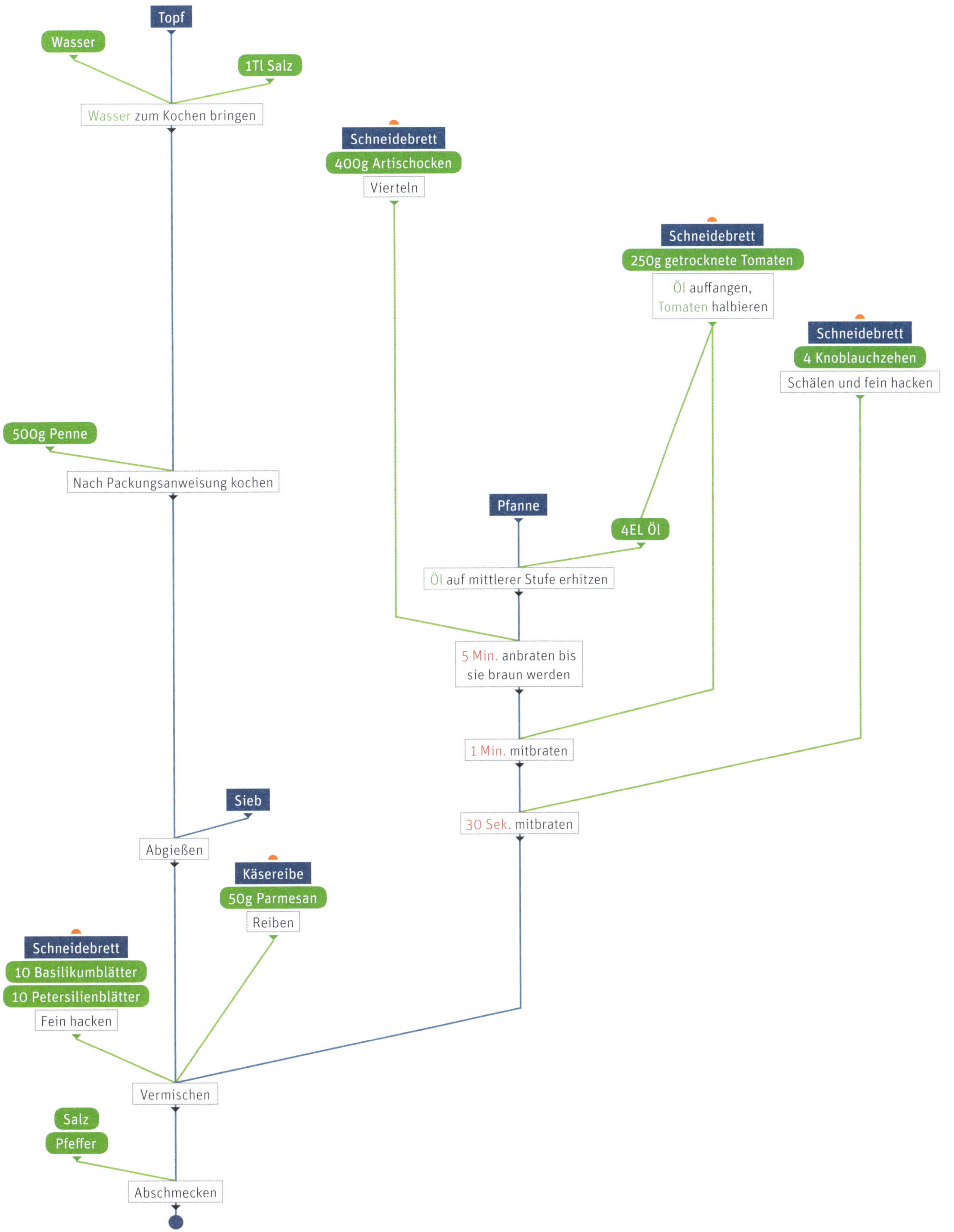
Topf
Wasser
1Tl Salz
Wasser zum Kochen bringen
Schneidebrett
400g Artischocken
Vierteln
Schneidebrett
250g getrocknete Tomaten
Öl auffangen, Tomaten halbieren
Schneidebrett
4 Knoblauchzehen
Schälen und fein hacken
500g Penne
Nach Packungsanweisung kochen
Pfanne
4EL Öl
Öl auf mittlerer Stufe erhitzen
5 Min. anbraten bis sie braun werden
1 Min. mitbraten
Sieb
30 Sek. mitbraten
Abgießen
Käsereibe
50g Parmesan
Reiben
Schneidebrett
10 Basilikumblätter
10 Petersilienblätter
Fein hacken
Vermischen
Salz
Pfeffer
Abschmecken

»Nudeln verkleben nicht, wenn ...«

Es gibt die unterschiedlichsten Tipps, wie Nudeln nicht verkleben sollen.
Der Tropfen Öl im Nudelwasser hat keinen Effekt, da Öl eine geringere Dichte als Wasser hat und somit obenauf schwimmt. Beim Abgießen landet der größte Teil des Öls im Ausguss.
Auch die Nudeln ohne Deckel zu kochen hat auf die Konsistenz der Nudel keinen Einfluss. Es wird lediglich mehr Energie verbraucht.
Die Nudeln nach dem Abgießen mit kaltem Wasser abzuschrecken schützt ebenso wenig vor dem Verkleben. Der Effekt ist sehr gering und die Nudeln kühlen zusätzlich sehr stark aus.
Eine Möglichkeit, das Verkleben zu verhindern, ist folgende: Die Nudeln direkt ins kalte Wasser geben, das Wasser aufkochen und die Herdplatte abschalten. Danach die Nudeln salzen und bis zum gewünschten Härtegrad ziehen lassen.

Garnelen und Cocktailtomaten mit Penne

Arbeitsaufwand

Vorbereitung	10 Min.
Zubereitung	15 Min.

Zutaten

600g	Penne
600g	Cocktailtomaten
250g	Garnelen
150g	Saure Sahne
1	Knoblauchzehe
10	Basilikumblätter
2Tl	Oregano
2Tl	Tomatenmark
	Salz
	Pfeffer

Utensilien

1	Pfanne
1	Topf
1	Schneidebrett
1	Messer
1	Pfannenwender
1	Sieb

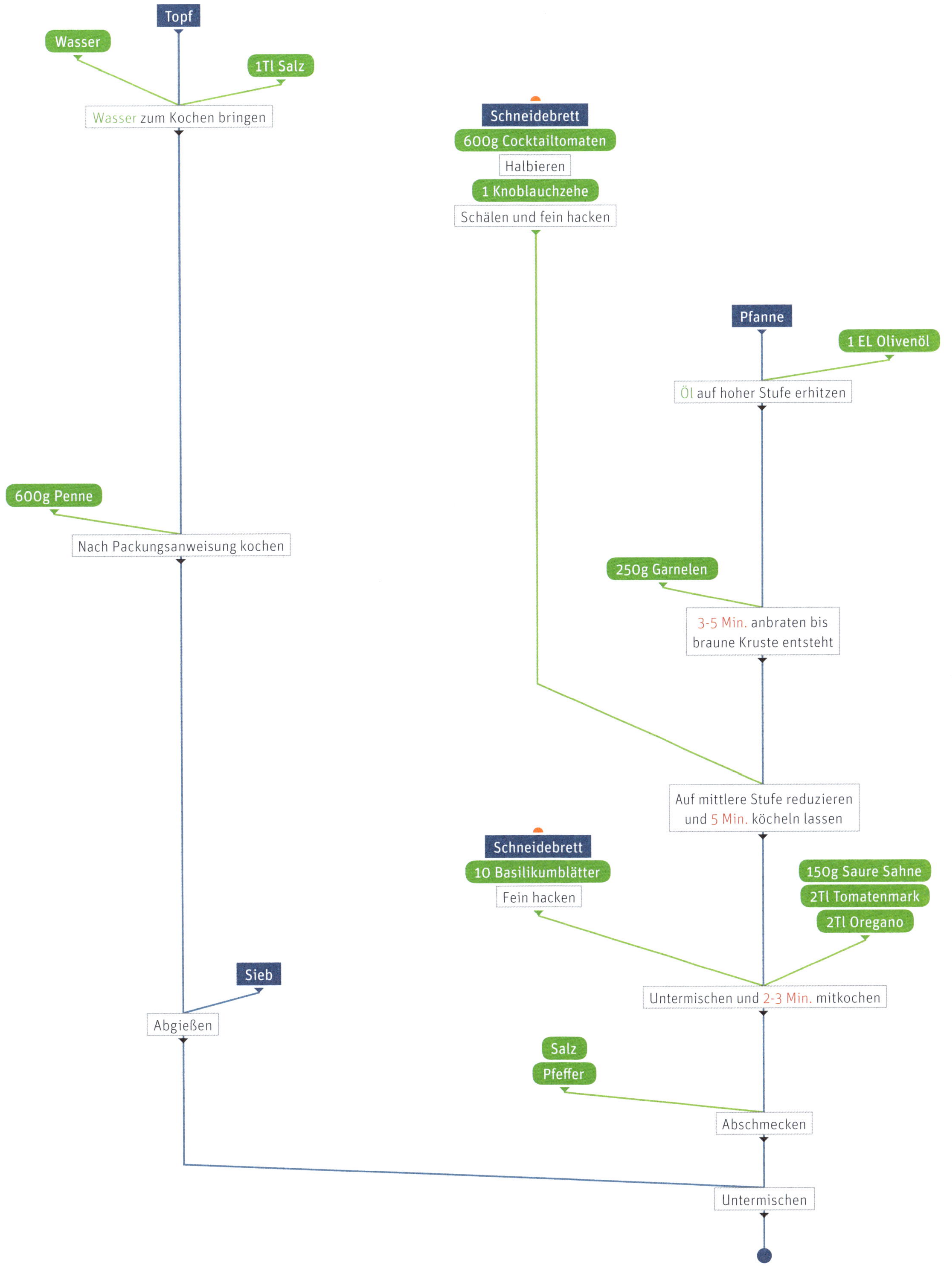
Topf
Wasser
1Tl Salz
Wasser zum Kochen bringen
600g Penne
Nach Packungsanweisung kochen
Sieb
Abgießen
Schneidebrett
600g Cocktailtomaten
Halbieren
1 Knoblauchzehe
Schälen und fein hacken
Pfanne
1 EL Olivenöl
Öl auf hoher Stufe erhitzen
250g Garnelen
3-5 Min. anbraten bis braune Kruste entsteht
Auf mittlere Stufe reduzieren und 5 Min. köcheln lassen
Schneidebrett
10 Basilikumblätter
Fein hacken
150g Saure Sahne
2Tl Tomatenmark
2Tl Oregano
Untermischen und 2-3 Min. mitkochen
Salz
Pfeffer
Abschmecken
Untermischen

Sardellen, Oliven und Pinienkerne

Arbeitsaufwand

Vorbereitung	10 Min.
Zubereitung	15 Min.

Zutaten

600g	Penne
1El	Olivenöl
40g	Pinienkerne
300g	Cocktailtomaten
10	Sardellenfilets
20	Kapern
20	schwarze Oliven entsteint
1	Knoblauchzehe
50g	Rucola
	Salz
	Pfeffer

Utensilien

1	Pfanne
1	Topf
1	Schneidebrett
1	Messer
1	Pfannenwender
1	Sieb

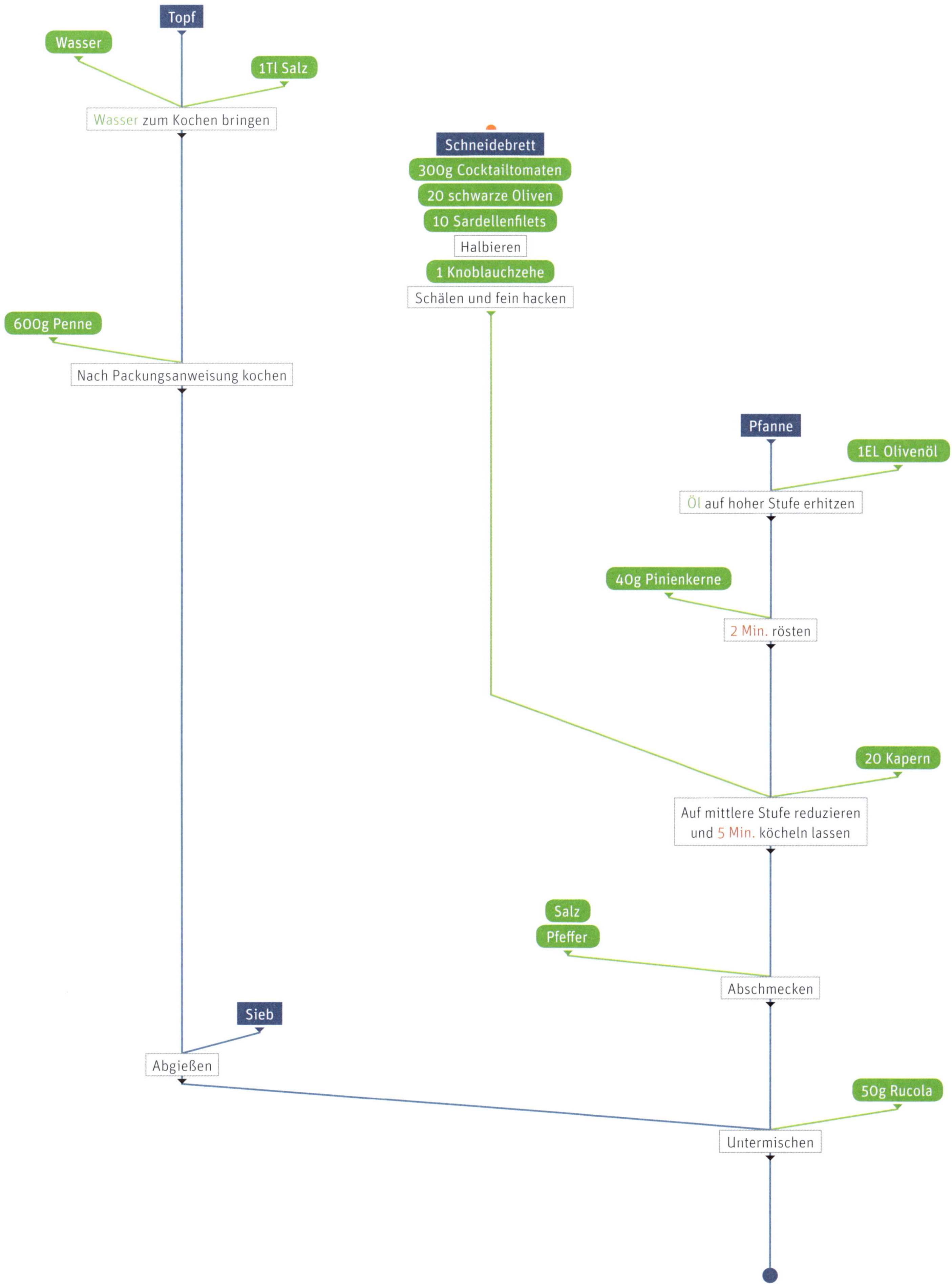
Topf
Wasser
1Tl Salz
Wasser zum Kochen bringen
600g Penne
Nach Packungsanweisung kochen
Sieb
Abgießen
Schneidebrett
300g Cocktailtomaten
20 schwarze Oliven
10 Sardellenfilets
Halbieren
1 Knoblauchzehe
Schälen und fein hacken
Pfanne
1EL Olivenöl
Öl auf hoher Stufe erhitzen
40g Pinienkerne
2 Min. rösten
20 Kapern
Auf mittlere Stufe reduzieren und 5 Min. köcheln lassen
Salz
Pfeffer
Abschmecken
50g Rucola
Untermischen

Reis mit Kokos-Garnelen

Arbeitsaufwand

Vorbereitung	15 Min.
Zubereitung	15 Min.

Zutaten

2	Zwiebeln
40g	Ingwer
2	Knoblauchzehen
2	rote Chilischoten
2	rote Paprika
1	gelbe Paprika
2El	Sonnenblumenöl
400g	Garnelen
400ml	Kokosmilch
300ml	Geflügelbrühe
4El	Limettensaft
4El	Cashewkerne
2	Stiele Basilikum
300g	Reis
	Salz

Utensilien

1	Pfanne
1	Topf
1	Schneidebrett
1	Messer
1	Pfannenwender
1	Sieb

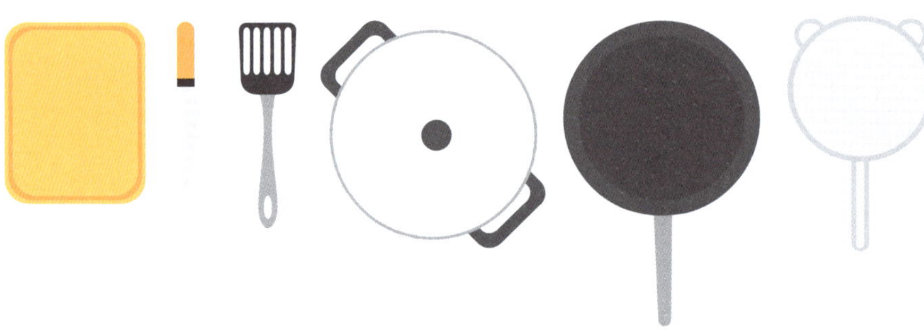

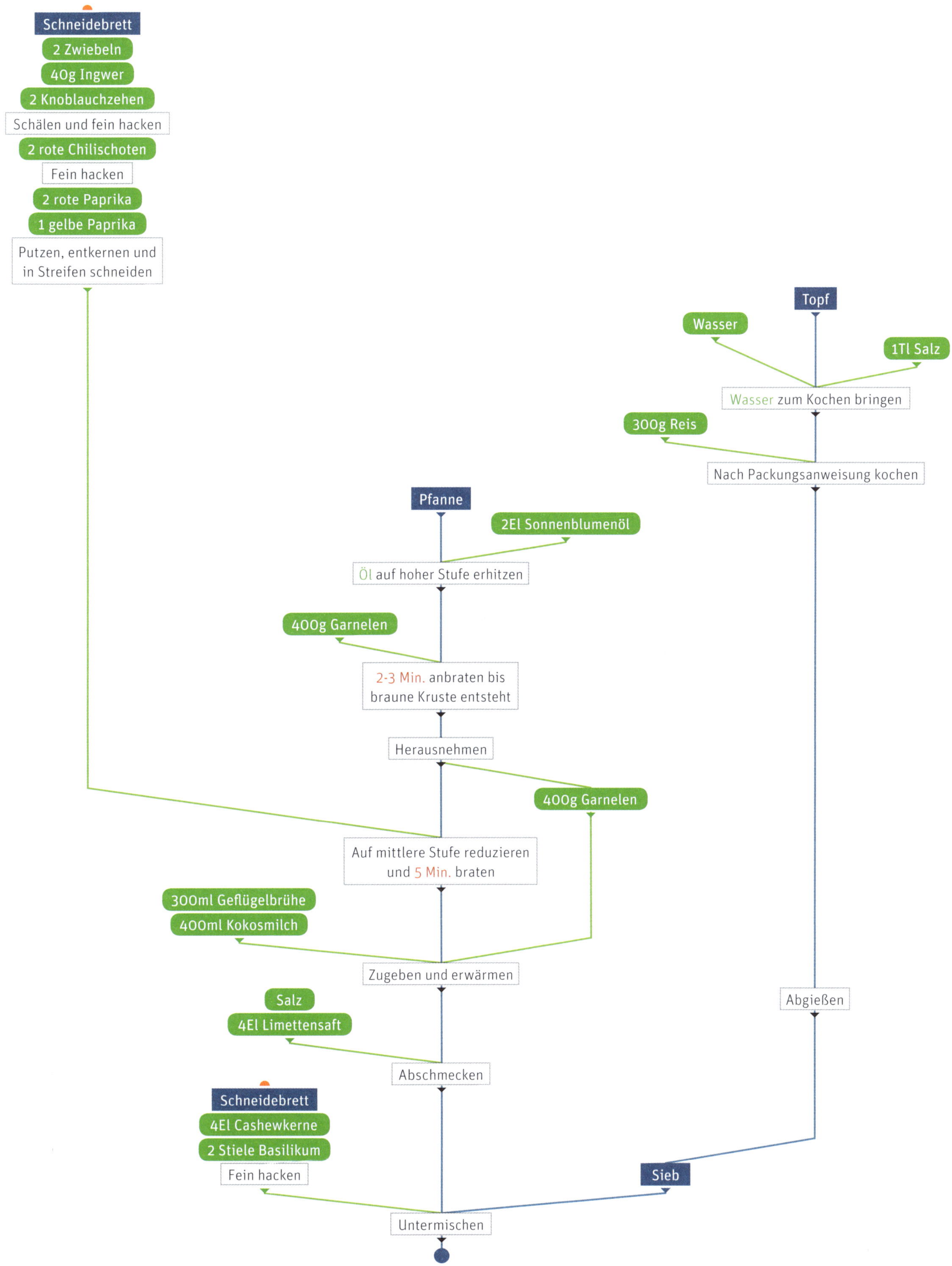
Schneidebrett
2 Zwiebeln
40g Ingwer
2 Knoblauchzehen
Schälen und fein hacken
2 rote Chilischoten
Fein hacken
2 rote Paprika
1 gelbe Paprika
Putzen, entkernen und in Streifen schneiden
Topf
Wasser
1Tl Salz
Wasser zum Kochen bringen
300g Reis
Nach Packungsanweisung kochen
Pfanne
2El Sonnenblumenöl
Öl auf hoher Stufe erhitzen
400g Garnelen
2-3 Min. anbraten bis braune Kruste entsteht
Herausnehmen
400g Garnelen
Auf mittlere Stufe reduzieren und 5 Min. braten
300ml Geflügelbrühe
400ml Kokosmilch
Zugeben und erwärmen
Abgießen
Salz
4El Limettensaft
Abschmecken
Schneidebrett
4El Cashewkerne
2 Stiele Basilikum
Fein hacken
Sieb
Untermischen

Melonen-Salsa mit Hähnchenbrust

Arbeitsaufwand

Vorbereitung	10 Min.
Zubereitung	20 Min.

Zutaten

500g	Wassermelone
2	grüne Chilischoten
20	Basilikumblätter
1	Zwiebel
1Tl	Limettenschale
4Tl	Limettensaft
2Tl	Honig
2El	Olivenöl
250ml	Geflügelbrühe
2	Knoblauchzehen
500g	Hähnchenbrustfilet
6El	Haselnüsse, gemahlen
	Salz

Utensilien

1	Pfanne
1	Schüssel
1	Schneidebrett
1	Messer
1	Pfannenwender
1	Topf

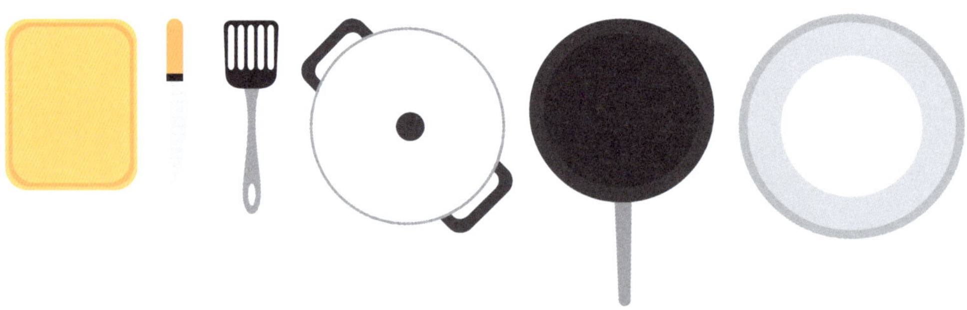

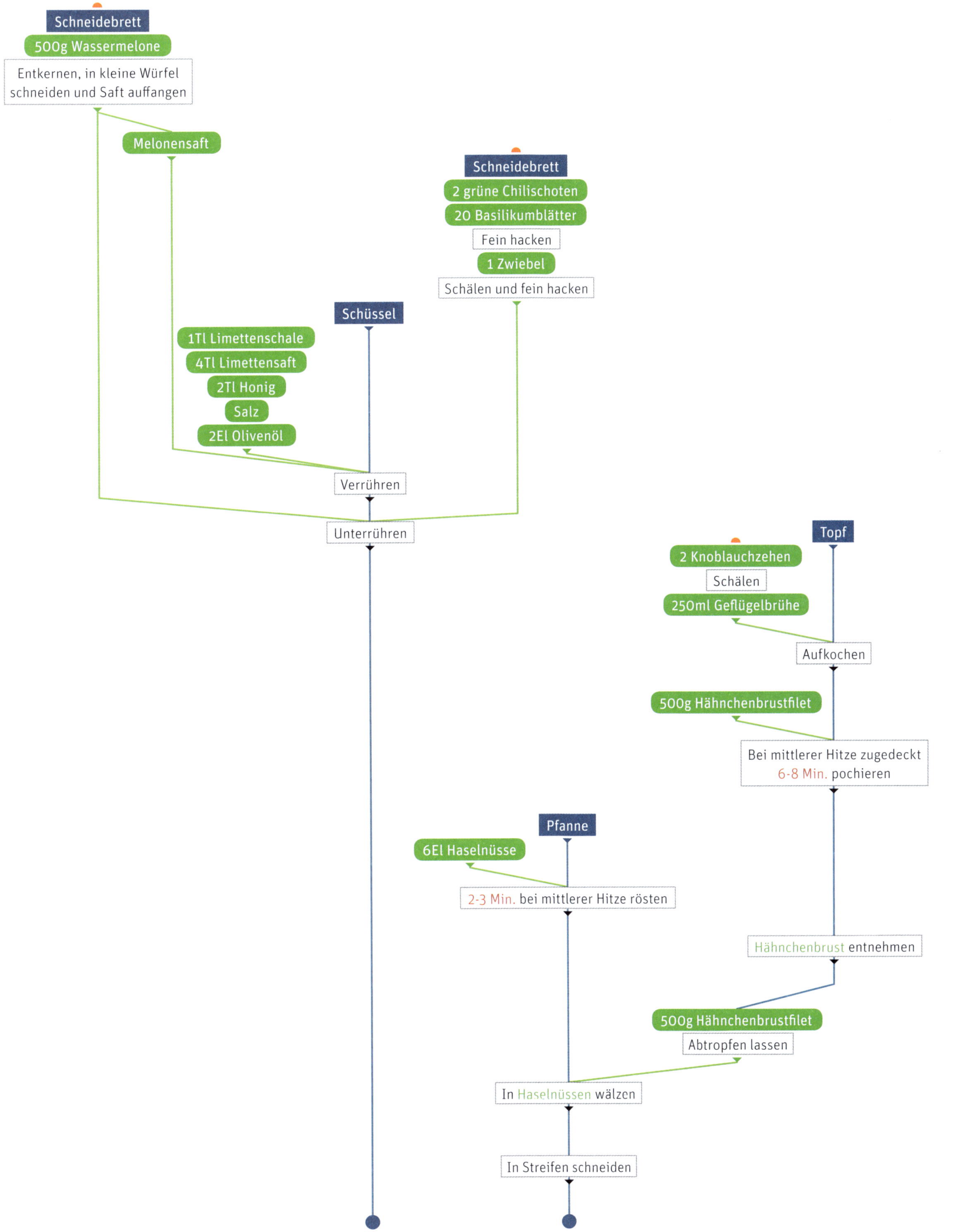
Schneidebrett
500g Wassermelone
Entkernen, in kleine Würfel schneiden und Saft auffangen
Melonensaft
Schneidebrett
2 grüne Chilischoten
20 Basilikumblätter
Fein hacken
1 Zwiebel
Schälen und fein hacken
Schüssel
1Tl Limettenschale
4Tl Limettensaft
2Tl Honig
Salz
2El Olivenöl
Verrühren
Unterrühren
Topf
2 Knoblauchzehen
Schälen
250ml Geflügelbrühe
Aufkochen
500g Hähnchenbrustfilet
Bei mittlerer Hitze zugedeckt 6-8 Min. pochieren
Pfanne
6El Haselnüsse
2-3 Min. bei mittlerer Hitze rösten
Hähnchenbrust entnehmen
500g Hähnchenbrustfilet
Abtropfen lassen
In Haselnüssen wälzen
In Streifen schneiden

Teriyaki Hähnchen mit Salat

Arbeitsaufwand

Vorbereitung	20 Min.
Marinieren	> 3Std.
Zubereitung	30 Min.

Zutaten

800g Hähnchenbrustfilet

Marinade

5El Sojasauce
3El Sherry
2 getrocknete Chilis
3Tl Honig
5cm Ingwer
2 Knoblauchzehen

Salat

10 kleine Kartoffeln
200g Sojasprossen
4 Frühlingszwiebeln
2 Möhren
20 Cashewkerne
425ml Dose Ananas
1/2 Gurke

Dressing

2El Erdnussbutter
3El Sojasauce
2El Zitronensaft
1 grüne Chilischote
2El Honig
4El Ananassaft

Utensilien

2 Schüsseln
1 Schneidebrett
1 Messer
1 Pinsel
1 Backblech
1 Backofen
1 Topf

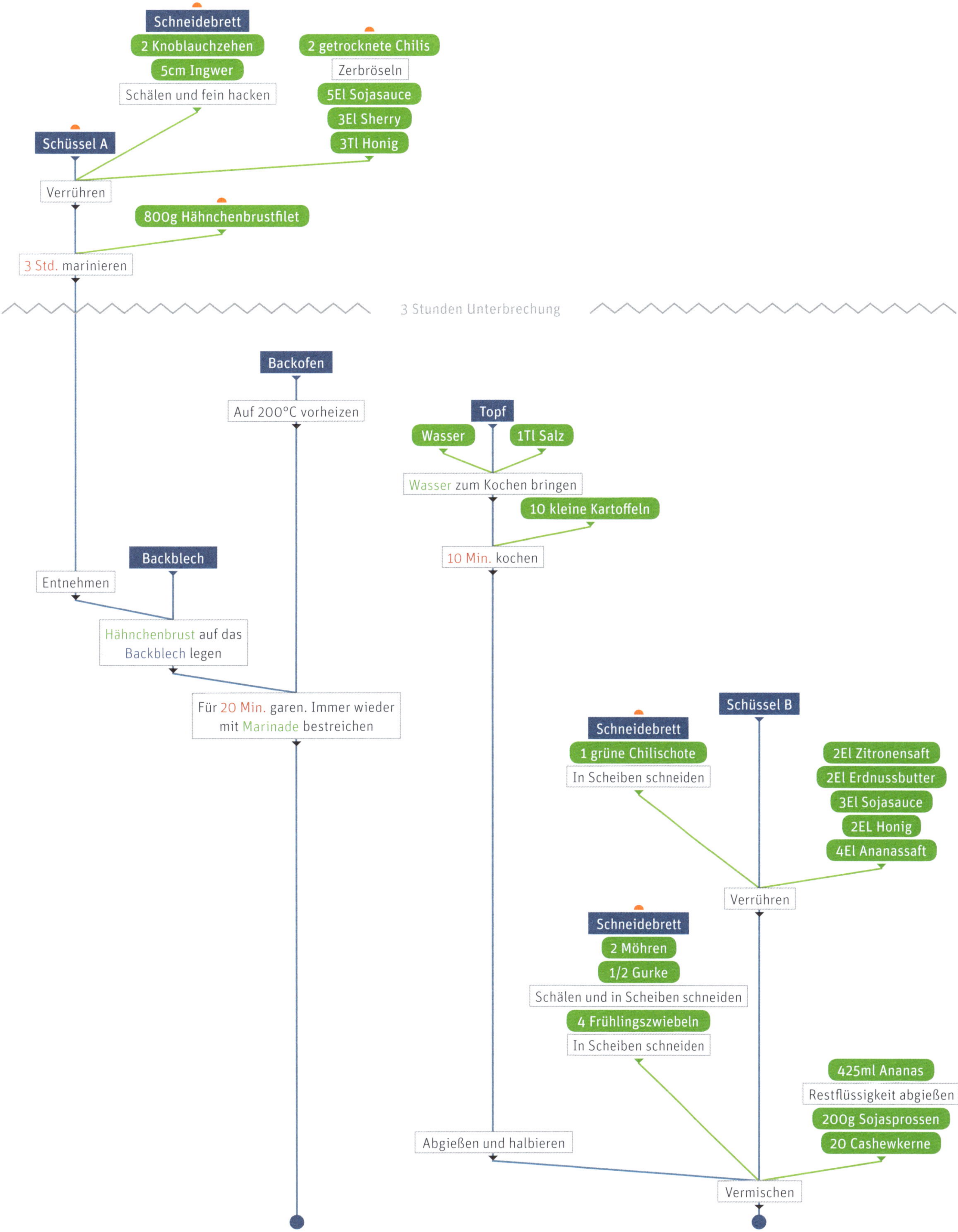
Schneidebrett
2 Knoblauchzehen
5cm Ingwer
Schälen und fein hacken
2 getrocknete Chilis
Zerbröseln
5El Sojasauce
3El Sherry
3Tl Honig
Schüssel A
Verrühren
800g Hähnchenbrustfilet
3 Std. marinieren
3 Stunden Unterbrechung
Backofen
Auf 200°C vorheizen
Topf
Wasser
1Tl Salz
Wasser zum Kochen bringen
10 kleine Kartoffeln
10 Min. kochen
Backblech
Entnehmen
Hähnchenbrust auf das Backblech legen
Für 20 Min. garen. Immer wieder mit Marinade bestreichen
Schüssel B
Schneidebrett
1 grüne Chilischote
In Scheiben schneiden
2El Zitronensaft
2El Erdnussbutter
3El Sojasauce
2EL Honig
4El Ananassaft
Verrühren
Schneidebrett
2 Möhren
1/2 Gurke
Schälen und in Scheiben schneiden
4 Frühlingszwiebeln
In Scheiben schneiden
425ml Ananas
Restflüssigkeit abgießen
200g Sojasprossen
20 Cashewkerne
Abgießen und halbieren
Vermischen

Hähnchencurry

Arbeitsaufwand

Vorbereitung	15 Min.
Zubereitung	15 Min.

Zutaten

400g	Hähnchenbrustfilet
2	rote Paprika
2	Knoblauchzehen
4	Frühlingszwiebeln
2cm	Ingwer
200g	Sojasprossen
150g	Champignons
200ml	Kokosmilch
10Tl	Currypulver
3Tl	Korianderblätter
10	Petersilienblätter
15	Minzeblätter
3El	Sonnenblumenöl
	Salz
	Pfeffer

Utensilien

1	Wok
1	Messer
1	Schneidebrett

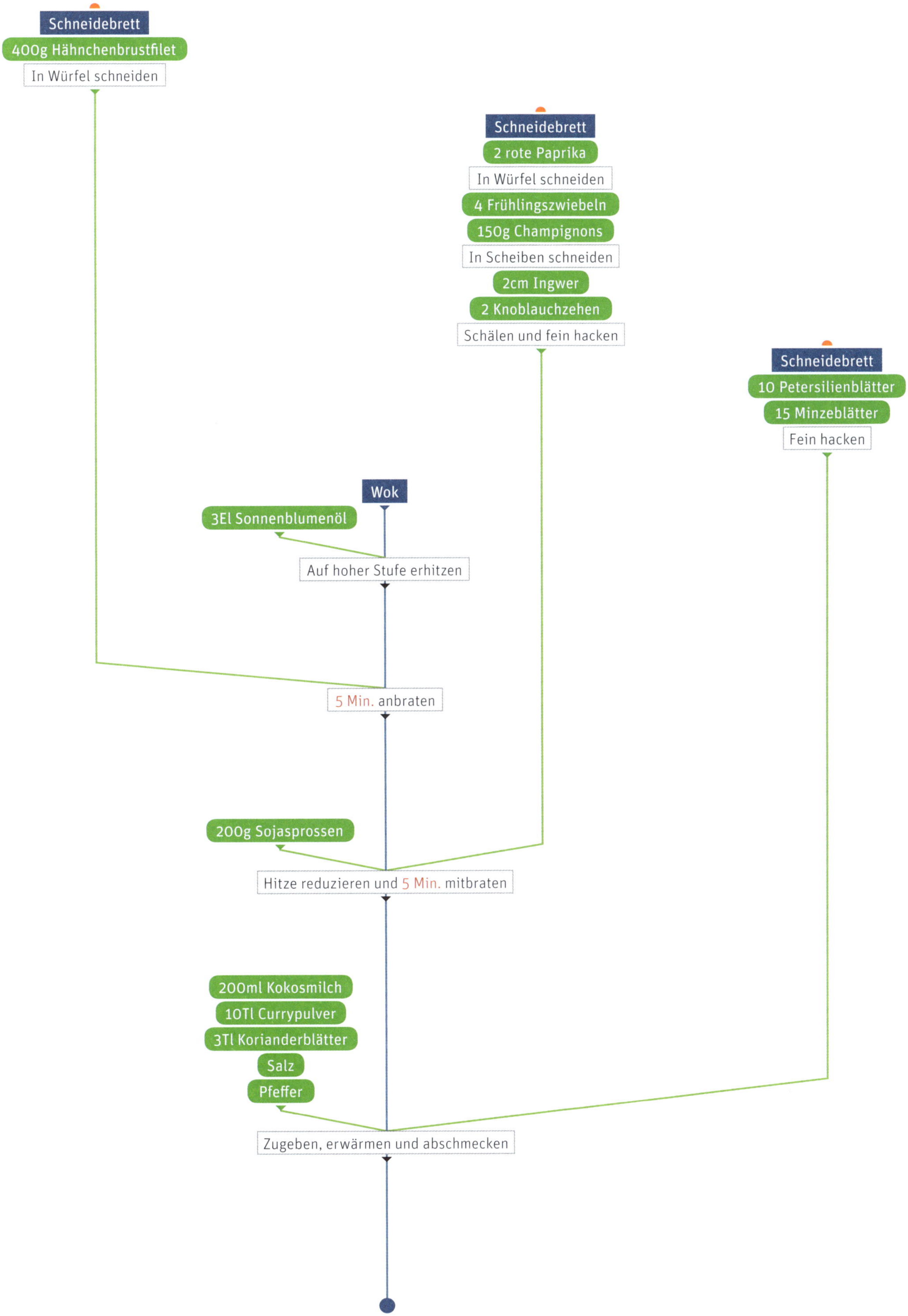
Schneidebrett
400g Hähnchenbrustfilet
In Würfel schneiden
Schneidebrett
2 rote Paprika
In Würfel schneiden
4 Frühlingszwiebeln
150g Champignons
In Scheiben schneiden
2cm Ingwer
2 Knoblauchzehen
Schälen und fein hacken
Schneidebrett
10 Petersilienblätter
15 Minzeblätter
Fein hacken
Wok
3El Sonnenblumenöl
Auf hoher Stufe erhitzen
5 Min. anbraten
200g Sojasprossen
Hitze reduzieren und 5 Min. mitbraten
200ml Kokosmilch
1OTl Currypulver
3Tl Korianderblätter
Salz
Pfeffer
Zugeben, erwärmen und abschmecken

Senf-Rosmarin-Hähnchenschenkel

Arbeitsaufwand

Vorbereitung	20 Min.
Marinieren	> 3Std.
Zubereitung	45 Min.

Zutaten

4 Hähnchenschenkel

Marinade

250ml Saure Sahne
4Tl Senf
3 Rosmarinzweige
4El Olivenöl
Salz
Pfeffer

Gemüse

1 Zucchini
2 rote Paprika
300g Champignons
3 Knoblauchzehen
4El Olivenöl
2 rote Zwiebeln

Utensilien

1 Messer
1 Schneidebrett
1 Schüssel
1 Backofen
2 Backbleche
1 Pinsel

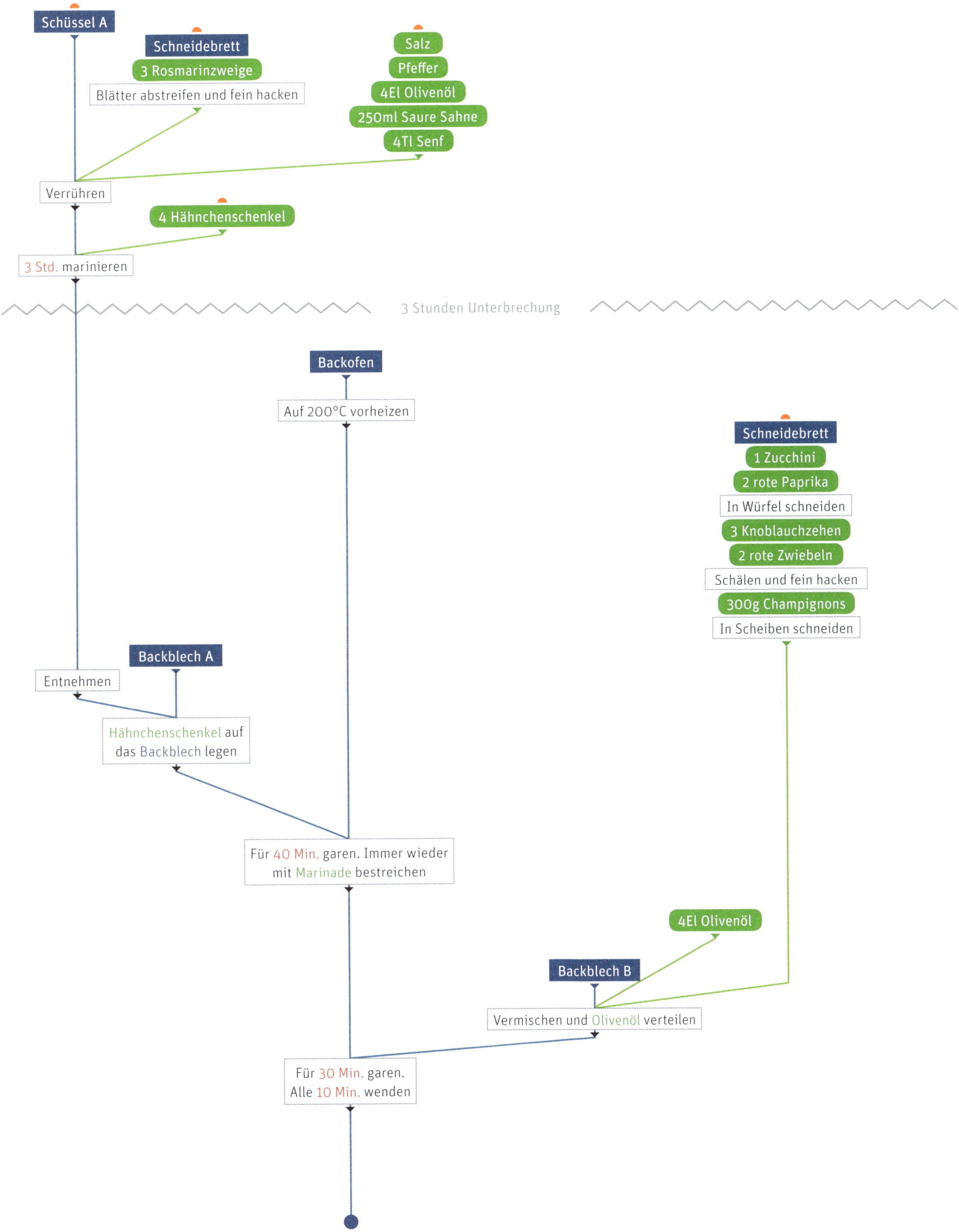
Schüssel A
Schneidebrett
3 Rosmarinzweige
Blätter abstreifen und fein hacken
Salz
Pfeffer
4El Olivenöl
250ml Saure Sahne
4Tl Senf
Verrühren
4 Hähnchenschenkel
3 Std. marinieren
3 Stunden Unterbrechung
Backofen
Auf 200°C vorheizen
Schneidebrett
1 Zucchini
2 rote Paprika
In Würfel schneiden
3 Knoblauchzehen
2 rote Zwiebeln
Schälen und fein hacken
300g Champignons
In Scheiben schneiden
Backblech A
Entnehmen
Hähnchenschenkel auf das Backblech legen
Für 40 Min. garen. Immer wieder mit Marinade bestreichen
4El Olivenöl
Backblech B
Vermischen und Olivenöl verteilen
Für 30 Min. garen. Alle 10 Min. wenden

»Fleisch trocknet aus, wenn man den Backofen während der Garzeit öffnet«

In vielen Fällen lässt sich das Öffnen der Backofentür – etwa um weitere Zutaten wie Gewürze oder Gemüse beizugeben – nicht vermeiden.

Bei modernen Elektrobacköfen, die eigentlich dicht schließen, führt das Öffnen der Backofentür nur zu einem geringen Feuchtigkeitsverlust. Dies kann durch eine unwesentliche Verlängerung der Garzeit ausgeglichen werden.
Für größere Braten gilt eher, die auftretende Staufeuchtigkeit ab und zu entweichen zu lassen. Der auf die Fleischfasern ausgeübte Druck könnte sonst dazu führen, dass das Fleisch zäh wird.

Die Niedrigtemperatur-Garmethode hingegen verhindert das Austrocknen des Bratens. Hier wird das Fleisch scharf angebraten und danach oft stundenlang bei niedriger Temperatur gegart. Das Ergebnis: optimale Entwicklung der gewünschten Aromen und ein saftiger Braten.

Tomaten-Mozzarella-Schnitzel

Arbeitsaufwand

Vorbereitung	15 Min.
Zubereitung	20 Min.

Zutaten

4	Schnitzel
2	Eier
1	Tomate
125g	Mozzarella
	Mehl
	Paniermehl
10	Basilikumblättchen
3El	Sonnenblumenöl
	Salz
	Pfeffer

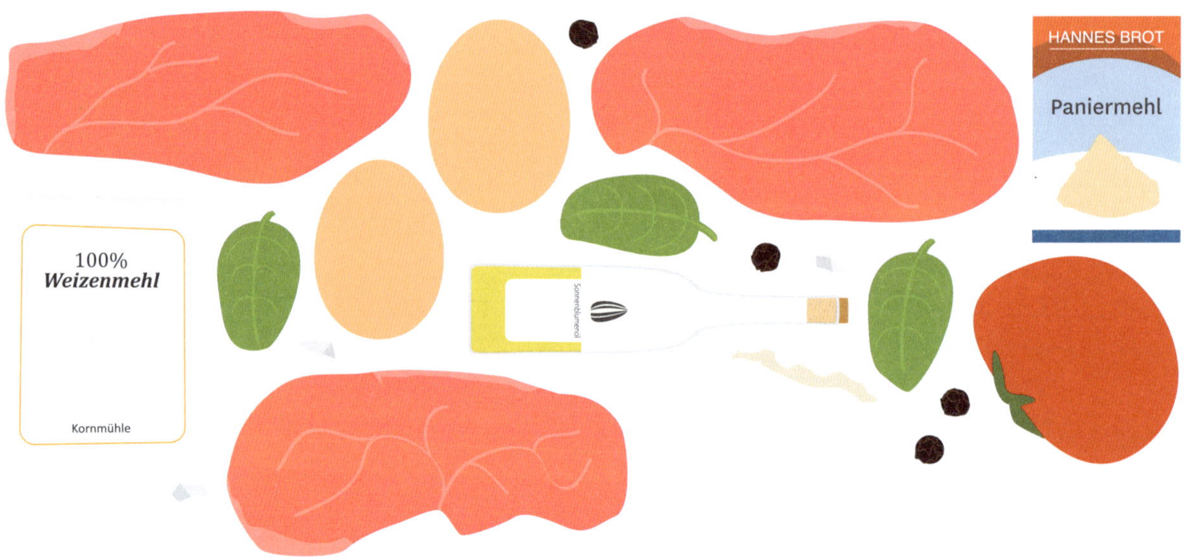

Utensilien

1	Pfanne
3	Teller
1	Messer
1	Schneidebrett
1	Pfannenwender
1	Backofen
1	Backblech
1	Fleischhammer

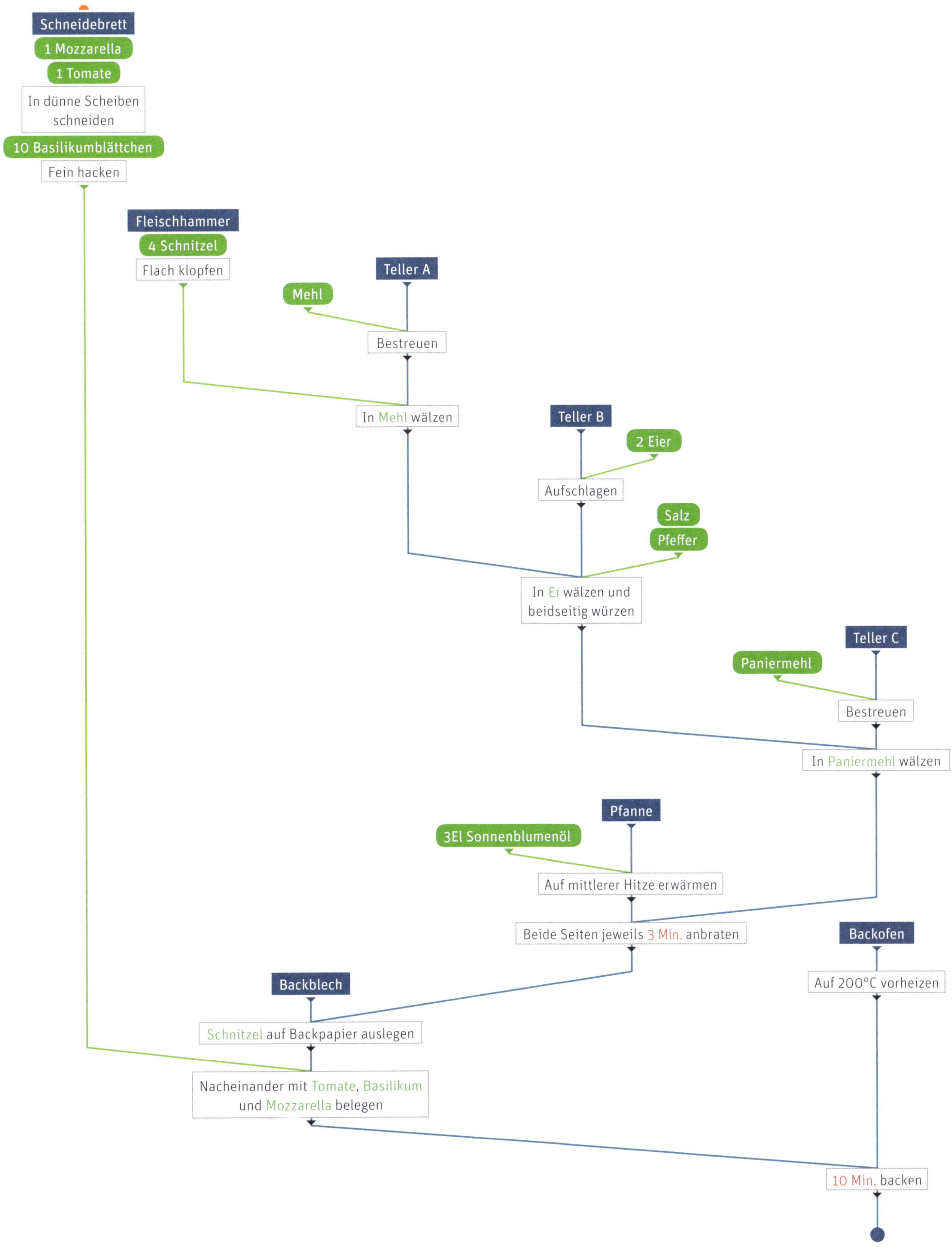
Schneidebrett
1 Mozzarella
1 Tomate
In dünne Scheiben schneiden
10 Basilikumblättchen
Fein hacken
Fleischhammer
4 Schnitzel
Flach klopfen
Teller A
Mehl
Bestreuen
In Mehl wälzen
Teller B
2 Eier
Aufschlagen
Salz
Pfeffer
In Ei wälzen und beidseitig würzen
Teller C
Paniermehl
Bestreuen
In Paniermehl wälzen
Pfanne
3El Sonnenblumenöl
Auf mittlerer Hitze erwärmen
Beide Seiten jeweils 3 Min. anbraten
Backofen
Auf 200°C vorheizen
Backblech
Schnitzel auf Backpapier auslegen
Nacheinander mit Tomate, Basilikum und Mozzarella belegen
10 Min. backen

Gebratene Äpfel mit Bratwurst

Arbeitsaufwand

Vorbereitung	10 Min.
Zubereitung	12 Min.

Zutaten

4	Bratwürstchen
2	Zwiebeln
5	Äpfel
	Sonnenblumenöl

Utensilien

2	Pfannen
1	Messer
1	Schneidebrett
1	Pfannenwender
1	Sparschäler

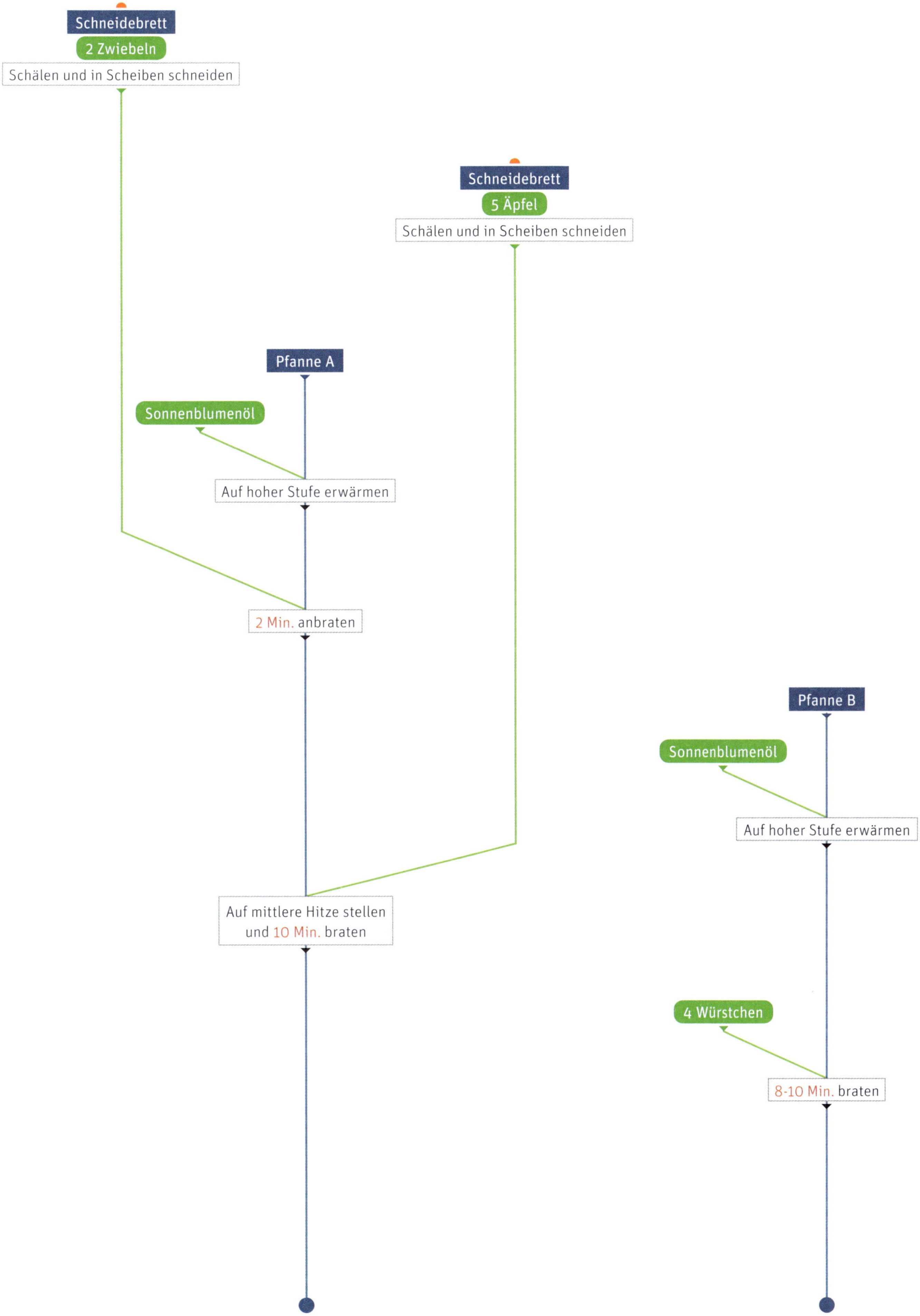
Schneidebrett
2 Zwiebeln
Schälen und in Scheiben schneiden
Schneidebrett
5 Äpfel
Schälen und in Scheiben schneiden
Pfanne A
Sonnenblumenöl
Auf hoher Stufe erwärmen
2 Min. anbraten
Auf mittlere Hitze stellen und 10 Min. braten
Pfanne B
Sonnenblumenöl
Auf hoher Stufe erwärmen
4 Würstchen
8-10 Min. braten

Pfirsich-Hackfleisch-Auflauf

Arbeitsaufwand

Vorbereitung	15 Min.
Zubereitung	25 Min.

Zutaten

250g	Reis
300g	Hackfleisch
2	Zwiebeln
850ml	Dose Pfirsiche in Spalten
300ml	Curryketchup
250ml	Sahne
100ml	Pfirsichsaft
2El	Sonnenblumenöl
	Salz
	Pfeffer

Utensilien

1	Messer
1	Schneidebrett
1	Auflaufform
1	Topf
1	Pfanne
1	Pfannenwender
1	Sieb

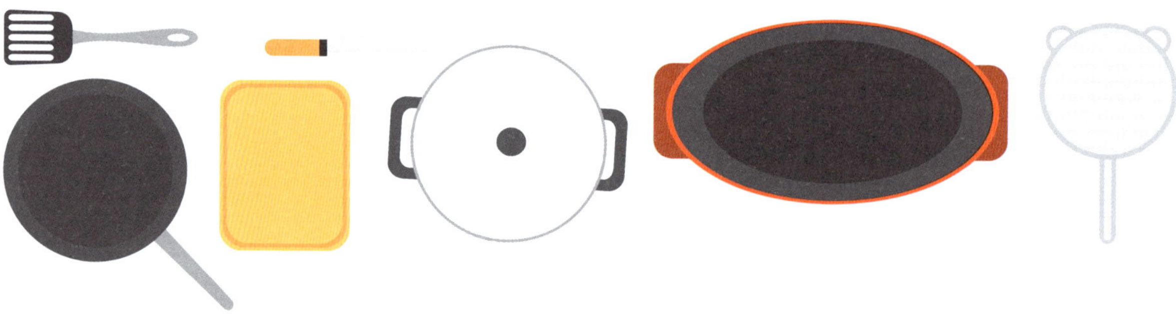

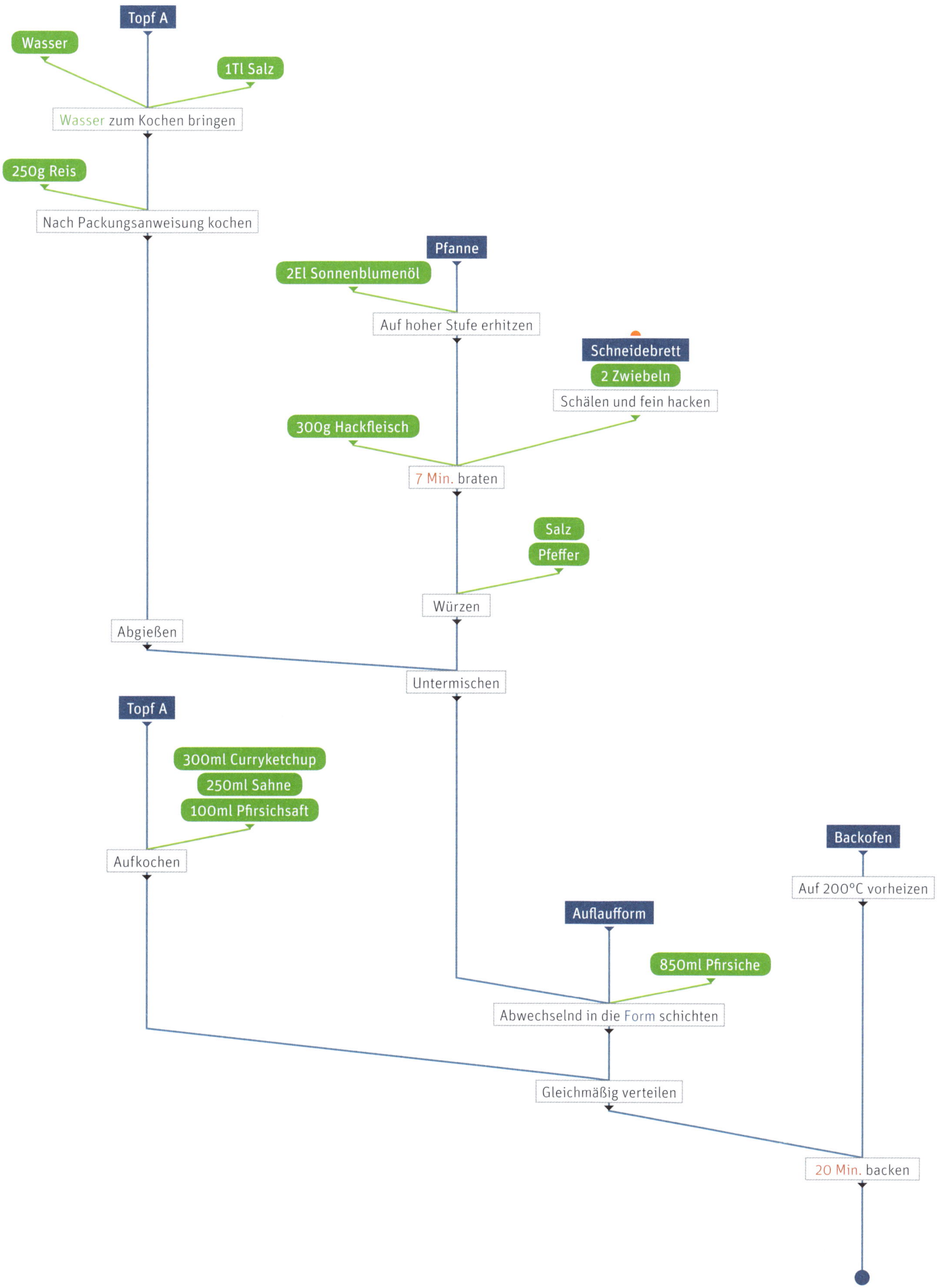
Topf A
Wasser
1Tl Salz
Wasser zum Kochen bringen
250g Reis
Nach Packungsanweisung kochen
Pfanne
2El Sonnenblumenöl
Auf hoher Stufe erhitzen
Schneidebrett
2 Zwiebeln
Schälen und fein hacken
300g Hackfleisch
7 Min. braten
Salz
Pfeffer
Würzen
Abgießen
Untermischen
Topf A
300ml Curryketchup
250ml Sahne
100ml Pfirsichsaft
Aufkochen
Backofen
Auf 200°C vorheizen
Auflaufform
850ml Pfirsiche
Abwechselnd in die Form schichten
Gleichmäßig verteilen
20 Min. backen

»Alkohol verdampft beim Kochen«

Reiner Alkohol (Ethanol) verdampft schon bei 78°C, damit liegt der Siedepunkt deutlich unter dem von Wasser. Beim Einsatz in der Küche jedoch wird der Alkohol – je nach Gericht – mit Wasser, Fett und anderen Zutaten vermischt. Die Mischung bindet den Alkohol und verhindert, dass er sich verflüchtigen kann.

Forscher der University of Idaho in den USA haben ermittelt, dass beim Kochen mit Wein, Bier oder Schnaps nach kurzer Zeit noch 85% des zugeführten Alkohols im Gericht enthalten sind. Wird die Suppe oder Soße eine weitere halbe Stunde gekocht, sind ca. 35% enthalten, nach zweieinhalb Stunden sind es noch 5%.

Wer also alkoholkranke Menschen oder Kinder bekocht, sollte den Einsatz von Alkohol überdenken.

Rindermedaillons in Rotweinsauce

Arbeitsaufwand

Vorbereitung	20 Min.
Zubereitung	70 Min.

Zutaten

600g	Rinderfilet
50g	Pinienkerne
1	Zwiebel
1	Knoblauchzehe
15	Basilikumblättchen
100g	getrocknete Tomaten in Öl
1El	Olivenöl
20g	Butterschmalz
100ml	Rotwein
20g	Butter
	Parmesan
	Pfeffer

Utensilien

2	Pfannen
1	Messer
1	Schneidebrett
1	Pfannenwender
1	Auflaufform
1	Backofen
1	Sieb

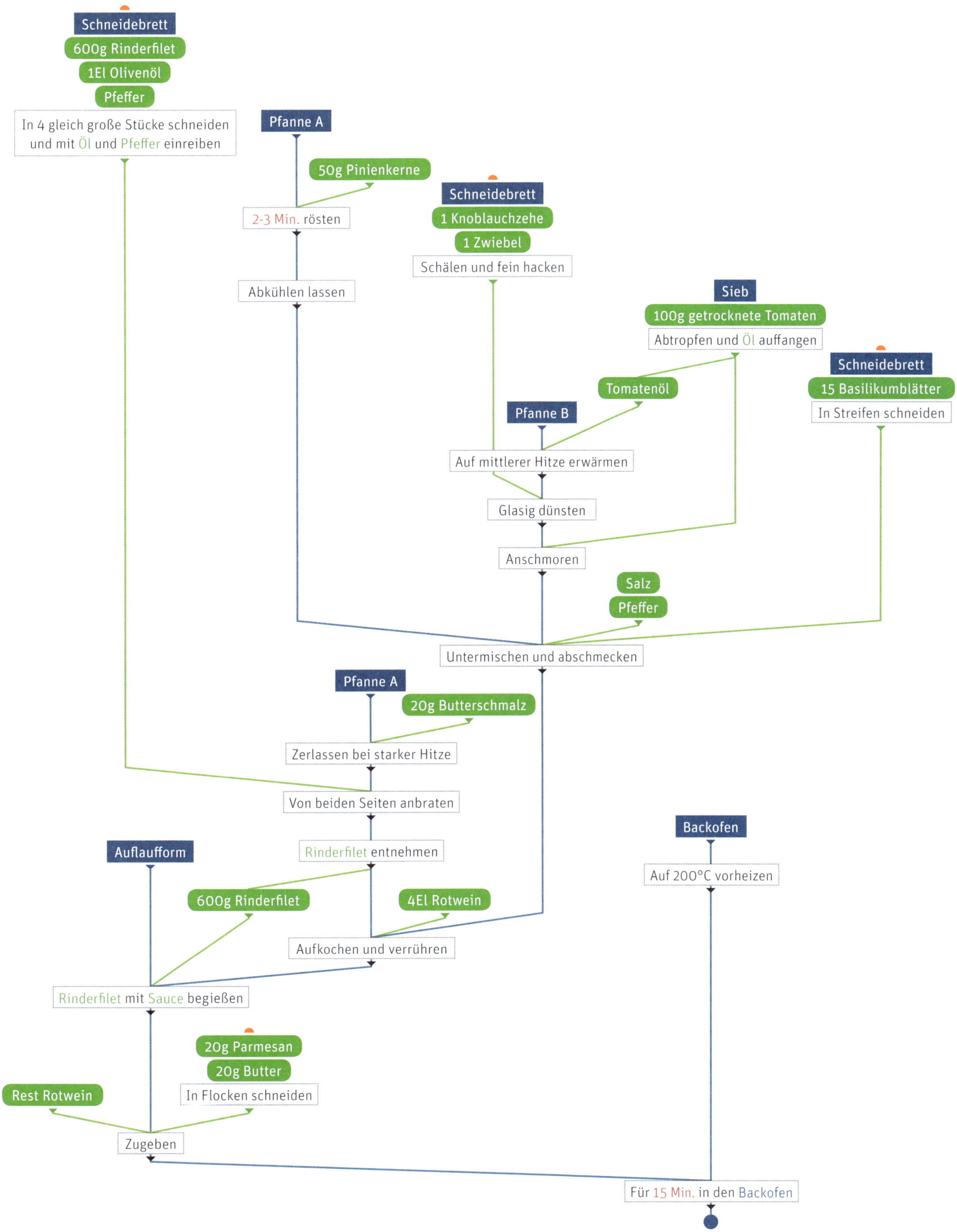
Schneidebrett
600g Rinderfilet
1El Olivenöl
Pfeffer
In 4 gleich große Stücke schneiden und mit Öl und Pfeffer einreiben
Pfanne A
50g Pinienkerne
2-3 Min. rösten
Abkühlen lassen
Schneidebrett
1 Knoblauchzehe
1 Zwiebel
Schälen und fein hacken
Sieb
100g getrocknete Tomaten
Abtropfen und Öl auffangen
Schneidebrett
15 Basilikumblätter
In Streifen schneiden
Tomatenöl
Pfanne B
Auf mittlerer Hitze erwärmen
Glasig dünsten
Anschmoren
Salz
Pfeffer
Untermischen und abschmecken
Pfanne A
20g Butterschmalz
Zerlassen bei starker Hitze
Von beiden Seiten anbraten
Rinderfilet entnehmen
Auflaufform
600g Rinderfilet
4El Rotwein
Aufkochen und verrühren
Backofen
Auf 200°C vorheizen
Rinderfilet mit Sauce begießen
20g Parmesan
20g Butter
In Flocken schneiden
Rest Rotwein
Zugeben
Für 15 Min. in den Backofen

Ingwer-Honig-Schweinefleisch

Arbeitsaufwand

Vorbereitung	20 Min.
Zubereitung	10 Min.

Zutaten

400g	Schweineschnitzel
200g	Champignons
200g	Sojasprossen
50g	Cashewkerne
4	Frühlingszwiebeln
1	Paprika
1	Zucchini

Marinade

3El	Honig
5El	Sojasauce
2El	Weißweinessig
2	Knoblauchzehen
5cm	Ingwer
2	grüne Chilischoten

Utensilien

1	Wok
1	Messer
1	Schneidebrett
1	Pfannenwender

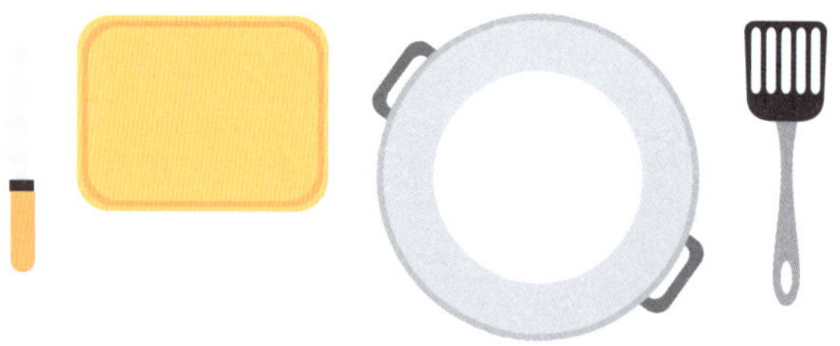

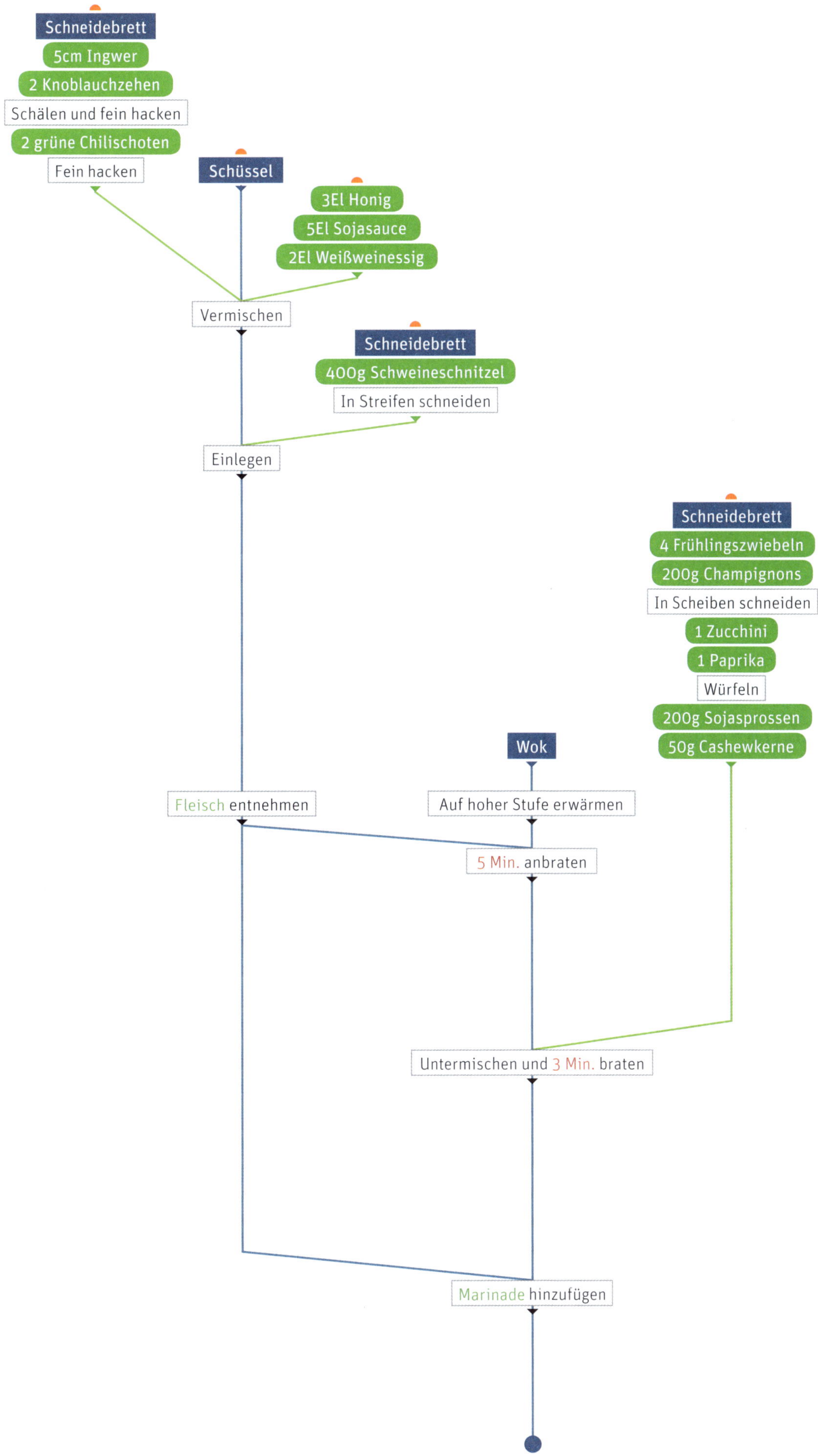
Schneidebrett
5cm Ingwer
2 Knoblauchzehen
Schälen und fein hacken
2 grüne Chilischoten
Fein hacken
Schüssel
3El Honig
5El Sojasauce
2El Weißweinessig
Vermischen
Schneidebrett
400g Schweineschnitzel
In Streifen schneiden
Einlegen
Schneidebrett
4 Frühlingszwiebeln
200g Champignons
In Scheiben schneiden
1 Zucchini
1 Paprika
Würfeln
200g Sojasprossen
50g Cashewkerne
Wok
Fleisch entnehmen
Auf hoher Stufe erwärmen
5 Min. anbraten
Untermischen und 3 Min. braten
Marinade hinzufügen

Pizza Schinken-Feigen-Gorgonzola

Arbeitsaufwand

Vorbereitung	25 Min.
Zubereitung	30 Min.

Zutaten

Belag

6	getrocknete Feigen
125g	Gorgonzola
1	Mozzarella
80g	Parmaschinken

Teig

300g	Mehl
75ml	Olivenöl
4El	Milch

Sauce

2	Knoblauchzehen
1El	Olivenöl
425ml	Dose Tomaten in Stücken
30	Oreganoblätter
	Salz
	Pfeffer

Utensilien

1	Schüssel
1	Schneidebrett
1	Messer
1	Backofen
1	Backblech
1	Topf

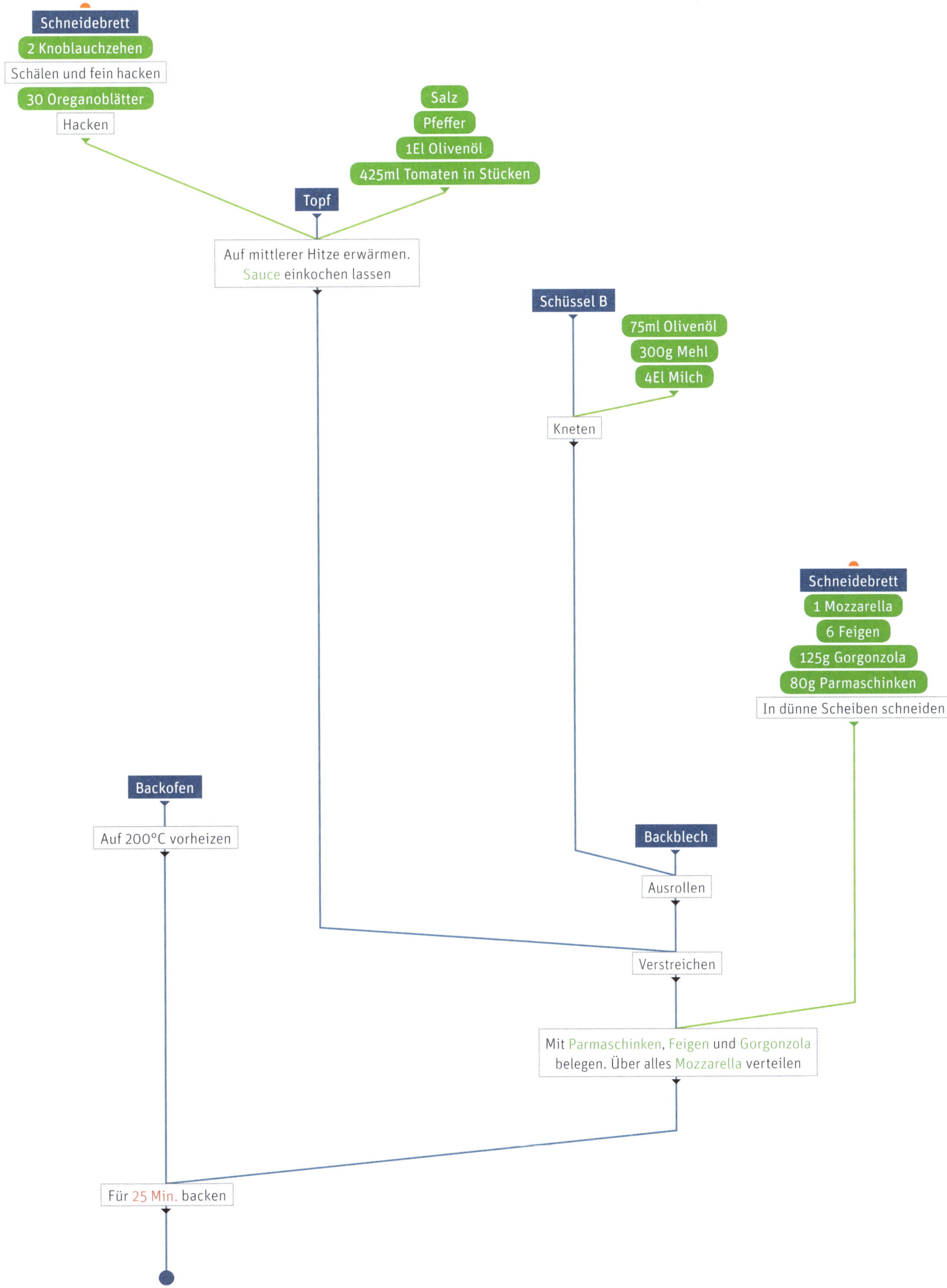
Schneidebrett
2 Knoblauchzehen
Schälen und fein hacken
30 Oreganoblätter
Hacken
Salz
Pfeffer
1El Olivenöl
425ml Tomaten in Stücken
Topf
Auf mittlerer Hitze erwärmen. Sauce einkochen lassen
Schüssel B
75ml Olivenöl
300g Mehl
4El Milch
Kneten
Schneidebrett
1 Mozzarella
6 Feigen
125g Gorgonzola
80g Parmaschinken
In dünne Scheiben schneiden
Backofen
Auf 200°C vorheizen
Backblech
Ausrollen
Verstreichen
Mit Parmaschinken, Feigen und Gorgonzola belegen. Über alles Mozzarella verteilen
Für 25 Min. backen

Kaiserschmarren

Arbeitsaufwand

Zubereitung 30 Min.

Zutaten

4	Eier
1 Prise	Salz
1El	Zitronenschale
4El	Milch
100g	Mehl
250g	Mascarpone
2El	Butter

Utensilien

2	Schüsseln
1	Pfanne
1	Pfannenwender
1	Handrührer
1	Pfannenwender

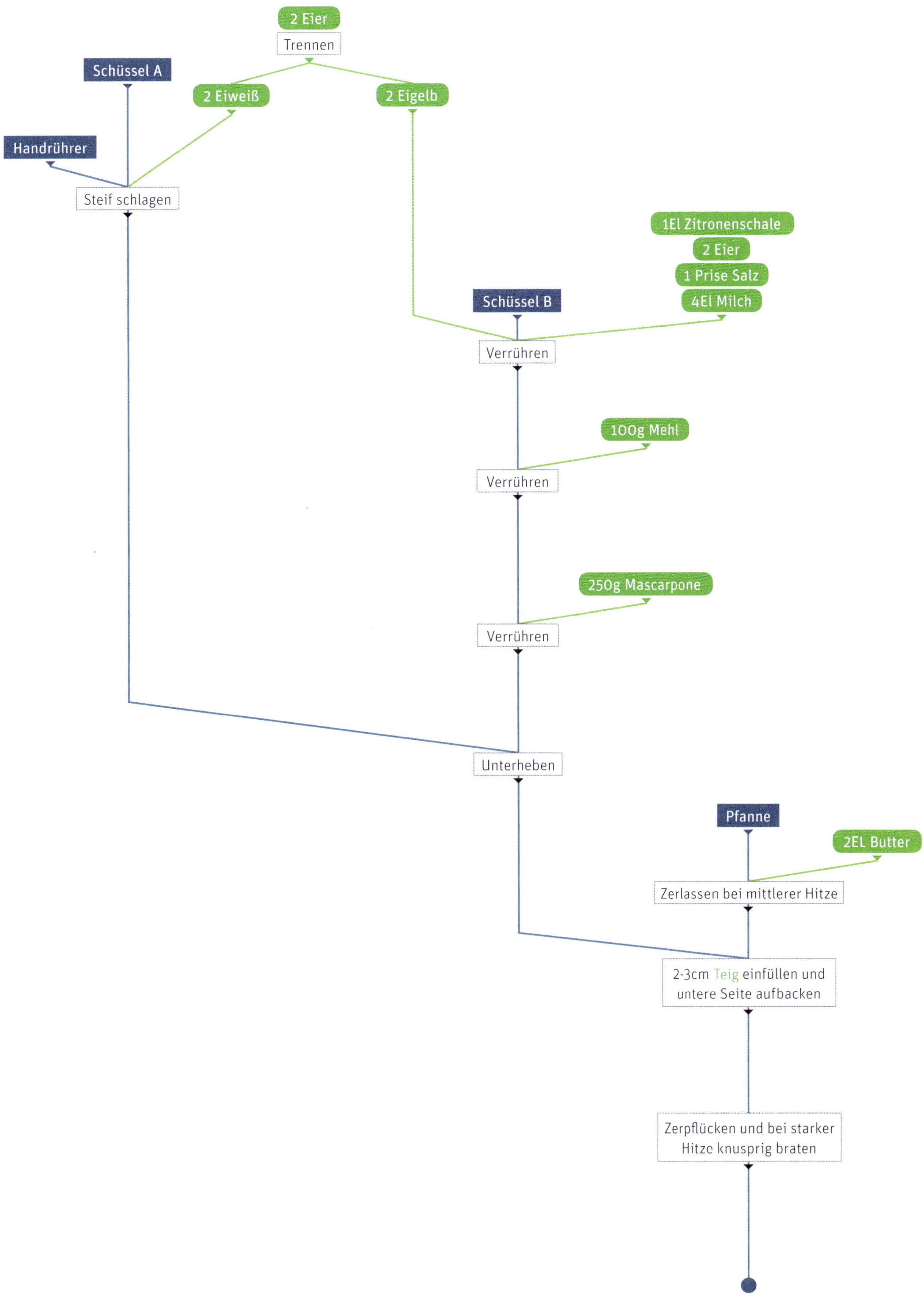
2 Eier
Trennen
Schüssel A
2 Eiweiß
2 Eigelb
Handrührer
Steif schlagen
1El Zitronenschale
2 Eier
1 Prise Salz
4El Milch
Schüssel B
Verrühren
100g Mehl
Verrühren
250g Mascarpone
Verrühren
Unterheben
Pfanne
2EL Butter
Zerlassen bei mittlerer Hitze
2-3cm Teig einfüllen und untere Seite aufbacken
Zerpflücken und bei starker Hitze knusprig braten

Müslitraum mit Eierlikör

Arbeitsaufwand

Zubereitung 25 Min.

Zutaten

500g	rote Grütze
200g	Frischkäse
500g	Quark
250g	Mascarpone
100g	Zucker
300g	Schoko-Müsli
1/4l	Eierlikör
250ml	Sahne
6El	Milch
1P.	Vanillinzucker
1P.	Sahnesteif

Utensilien

2	Schüsseln
1	Auflaufform
1	Handrührer

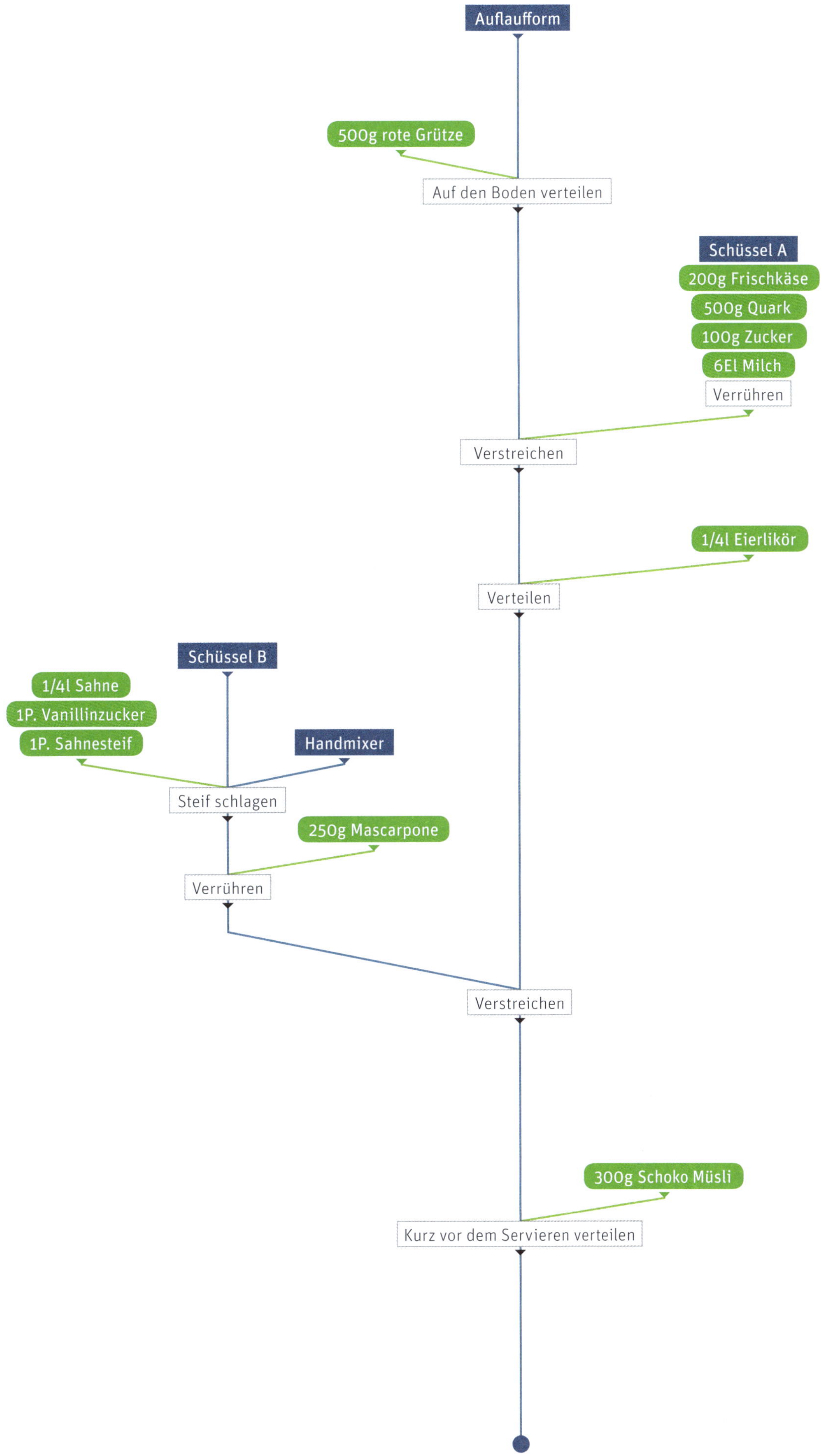
Auflaufform
500g rote Grütze
Auf den Boden verteilen
Schüssel A
200g Frischkäse
500g Quark
100g Zucker
6El Milch
Verrühren
Verstreichen
1/4l Eierlikör
Verteilen
Schüssel B
1/4l Sahne
1P. Vanillinzucker
1P. Sahnesteif
Handmixer
Steif schlagen
250g Mascarpone
Verrühren
Verstreichen
300g Schoko Müsli
Kurz vor dem Servieren verteilen

»Brauner Zucker ist gesünder als weißer Zucker«

Brauner Zucker enthält zwar etwas mehr Mineralstoffe als weißer Raffinade-Zucker, jedoch in so geringen Mengen, dass sie nicht wesentlich zur Nährstoffversorgung beitragen. Identisch sind beide Zuckersorten beim Kalorien- und Kohlenhydratgehalt sowie bei der Förderung von Karies. Die Vermutung, brauner Zucker sei eine Vorstufe des weißen Zuckers, stimmt oft nicht. Meist wird weißer Zucker mit einem Karamellsirup vermischt, der den Zucker dann einfärbt. Nur selten sind es Zwischenprodukte des Zuckers, wie Melasse die zur Färbung eingesetzt werden.

Apfelgratin mit Streusel

Arbeitsaufwand

Vorbereitung	5 Min.
Zubereitung	30 Min.

Zutaten

50g	Mehl
30g	Zucker
50g	Haselnüsse, gemahlen
1/2Tl	Zimt
50g	Butter
4	Äpfel
3El	Preiselbeeren
200g	Crème fraîche
2El	Sahne

Tipp
Vanilleeis

Utensilien

1	Schüssel
1	Auflaufform
1	Messer
1	Scheidebrett
1	Backofen

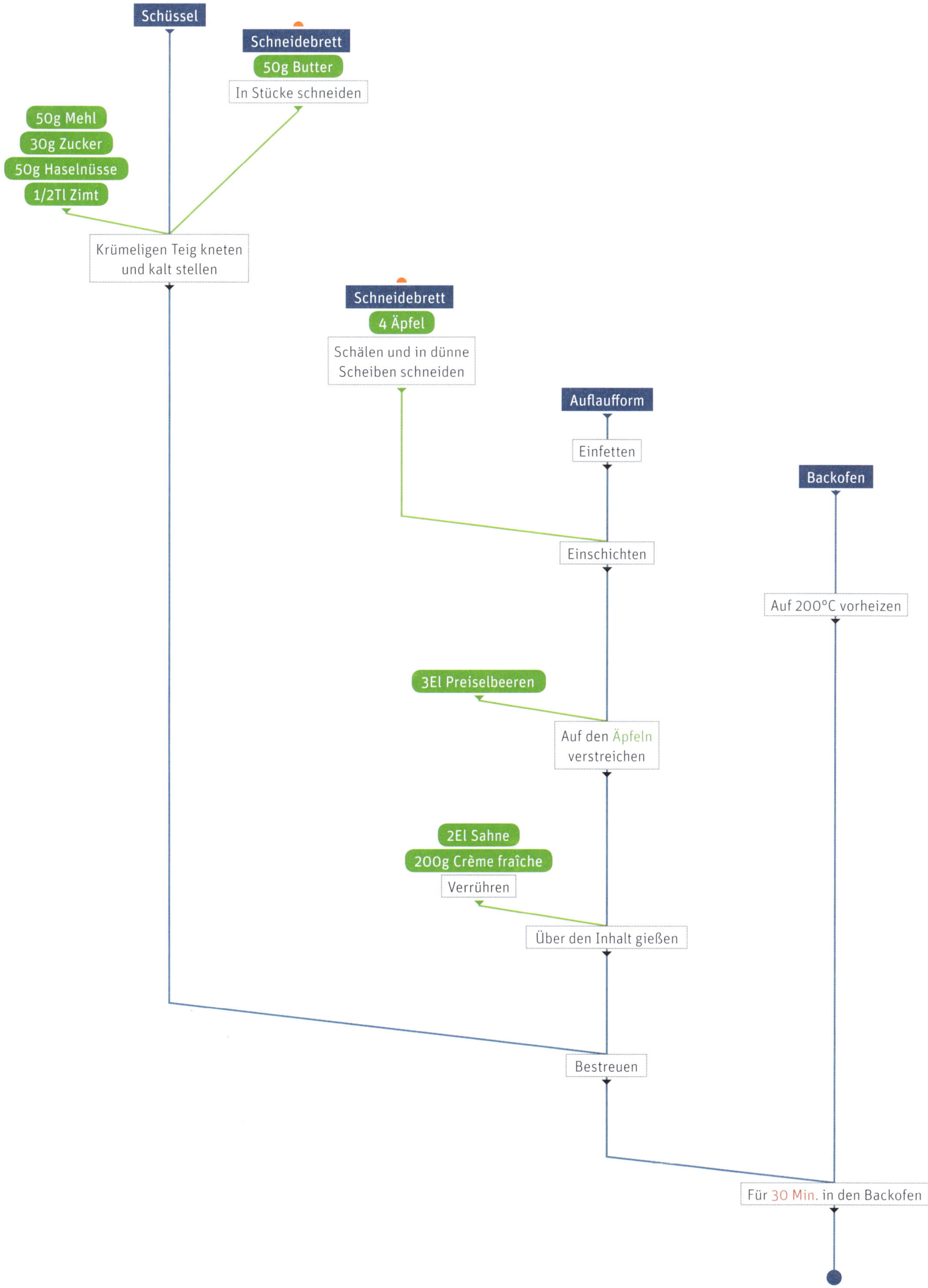
Schüssel
Schneidebrett
50g Butter
In Stücke schneiden
50g Mehl
30g Zucker
50g Haselnüsse
1/2Tl Zimt
Krümeligen Teig kneten und kalt stellen
Schneidebrett
4 Äpfel
Schälen und in dünne Scheiben schneiden
Auflaufform
Einfetten
Backofen
Einschichten
Auf 200°C vorheizen
3El Preiselbeeren
Auf den Äpfeln verstreichen
2El Sahne
200g Crème fraîche
Verrühren
Über den Inhalt gießen
Bestreuen
Für 30 Min. in den Backofen

iPad App

Zu diesem Buch gibt es auch eine iPad App. Die App steht gratis zum Download im App Store von Apple zur Verfügung. Die Inhalte können durch Eingabe des untenstehenden Gutscheincodes aktiviert werden.

Der Weg ist ganz einfach:

(1) Im App Store die App ›Ein Kochbuch‹ suchen und die App auf dem iPad installieren.

(2) Starten und in der Rezeptliste eines der nicht freigeschalteten Rezepte auswählen. (Ausgegraut)

(3) Wechseln zu den Arbeitsschritten. (Nach oben wischen)

(4) In der oberen rechten Ecke kann der untenstehende Code eingelöst werden.

Wichtig

Ihr Aktivierungscode funktioniert nur einmal. Vergewissern Sie sich, dass Sie die App auf der richtigen Apple-ID aktivieren.

Gutscheincode

F 5 A 4 D X S 0

Literaturverzeichnis Kochmythen

„Kleines Lexikon der Küchenirrtümer“ von Ludger Fischer, erschienen 2011 im Piper Verlag
Bundesinstitut für Risikobewertung, Verbraucherinfo 2005 „Risiko Pilze – Einschätzung und Hinweise“, S.10, verfügbar unter: http://www.bfr.bund.de/cm/350/risiko_pilze.pdf
de.wikipedia.org/wiki/Zucker
ernaehrungsstudio.nestle.de/start/ernaehrungwissen/WusstenSieSchon/brauneroderweisserZucker.htm
lifestyle.t-online.de/kochen-darf-ich-pilze-aufwaermen-/id_14360164/index
lifestyle.t-online.de/kochen-pasta-fuer-feinschmecker/id_14027602/index
weltderwunder.de.msn.com/mensch-und-natur-gallery.aspx?cp-documentid=149940259&page=1
www.lebensart.at/tiefkuehl
www.oekotest.de/cgi/index.cgi?artnr=28532;bernr=04;co=
www.sueddeutsche.de/leben/spinat-und-pilze-aufwaermen-oder-nicht-1.472431
www.wdr.de/radio/wdr4/ratgeber/ullas_erfolgsrezepte/2012/20120317_kuechentipp_huelsenfruechte.html
www.wdr.de/tv/quarks/sendungsbeitraege/2012/0214/003_alkohol_2.jsp
www.welt.de/gesundheit/article9946876/Tiefkuehl-und-Dosengemuese-sind-besser-als-ihr-Ruf.html
www.zeit.de/2005/50/Stimmts_50
www.dgfett.de/material/frittierempfehlungen_dgf.pdf
www.zeit.de/stimmts/1998/1998_6_stimmts